コア
カリキュラム
対応

教育心理学の理論と実践

会沢信彦・桑原千明 編著
edited by……… AIZAWA, Nobuhiko and KUWABARA, Chiaki

EDUCATIONAL
THEORY AND PRACTICE
PSYCHOLOGY

北樹出版

はじめに

　大学の教職課程においては、すべての校種等（幼稚園、小学校、中学校、高等学校、養護教諭、栄養教諭）において、「教育の基礎的理解に関する科目」として、「幼児、児童及び生徒の心身の発達及び学習の過程」を学ぶことが求められています。多くの大学では、この科目を「教育心理学」として開講しているはずです。かねてより、教育心理学は、教育原理と並び、いわゆる教職に関する科目の中でも中核的な科目として、重要視されてきました。

　また、教育心理（学）は、教員採用試験においても、いわゆる教職教養の一部として、多くの都道府県で出題されています。教師に求められる資質・能力の一つとして、教育心理学についての知見が求められている証だと思います。

　このような教育心理学については、これまでも、数え切れないほどのテキストが出版されてきました。それらに対して敬意を払いつつ、編者は、以下の特長を持つテキストを刊行したいと考えました。

　1．大学の授業の中だけでなく、教師を目指す学生が採用試験対策の勉強を行う際に、あるいは、何らかのきっかけで卒業してから再び教育心理学を学んでみたいと思った際に、ページをめくってもらえるよう、奇をてらわず、ベーシックな内容を網羅することを心がけました。もちろん「教職課程コアカリキュラム」にも対応しています。したがって、教育心理学を担当する大学の先生方は、授業で扱えなかった部分については学生に本書を参照させることで、安心して授業を行っていただくことができます。

　2．教職課程の授業に対して、「教師になったときにこの授業の内容がどのように役立つのか？」という疑問を抱く学生も少なくないと思います。教職科目を担当する多くの大学・短大の先生方は、学校現場とのつながりを意識して授業をされていると思いますが、理論的な内容と学校現場とのつながりが不明瞭であるために、教育心理学の重要性や楽しさに気づくことが難しい学生もいるように思われます。そこで本書では、実際の学校現場での取り組みを紹介す

るコラムを設けることで、学生が自分事として理論的な内容を理解し、考えを深められることを目指しました。

　本書の執筆者は、いずれも大学で授業を担当する、中堅・若手の研究者です。ご自身が教える学生の顔を思い浮かべながら執筆してくださったはずです。

　教師を目指して教職課程で学ぶ学生、そして教育心理学の授業を通して学生の成長を促したい大学教員の両者にとって、本書がお役に立つことができたら、編者として望外の喜びです。

編者　会沢信彦

桑原千明

教職課程コアカリキュラム

幼児、児童及び生徒の心身の発達及び学習の過程

全体目標：幼児、児童及び生徒の心身の発達及び学習の過程について、基礎的な知識を身につけ、各発達段階における心理的特性を踏まえた学習活動を支える指導の基礎となる考え方を理解する。

（1）幼児、児童及び生徒の心身の発達の過程

一般目標：幼児、児童及び生徒の心身の発達の過程及び特徴を理解する。

到達目標：1）幼児、児童及び生徒の心身の発達に対する外的及び内的要因の相互作用、発達に関する代表的理論を踏まえ、発達の概念及び教育における発達理解の意義を理解している。

2）乳幼児期から青年期の各時期における運動発達・言語発達・認知発達・社会性の発達について、その具体的な内容を理解している。

（2）幼児、児童及び生徒の学習の過程

一般目標：幼児、児童及び生徒の学習に関する基礎的知識を身に付け、発達を踏まえた学習を支える指導について基礎的な考え方を理解する。

到達目標：1）様々な学習の形態や概念及びその過程を説明する代表的理論の基礎を理解している。

2）主体的な学習を支える動機づけ・集団づくり・学習評価の在り方について、発達の特徴と関連付けて理解している。

3）幼児、児童及び生徒の心身の発達を踏まえ、主体的な学習活動を支える指導の基礎となる考え方を理解している。

（文部科学省，2017）

目　　次

第 1 章　教育心理学とは …………………………………………… 2

第 1 節　教育心理学とは ……………………………………… 2
（1）教育心理学の定義と学ぶ目的・意義（2）（2）教育心理学と学校心理学の違い（3）

第 2 節　教育心理学の研究法 ………………………………… 4
（1）データを収集する必要性とその方法（4）（2）観察法（5）（3）面接法（5）（4）質問紙調査法（7）（5）実験法（8）

第 3 節　教育心理学を活かした実践例：学校での心理教育 ……… 9
〈現場教師からのメッセージ 1：教育心理学が灯す希望の光〉（12）

第 2 章　発達の原理 ………………………………………………… 13

第 1 節　発達とは何か ………………………………………… 13

第 2 節　発達の特徴 …………………………………………… 14
（1）分化と統合のプロセス（14）（2）順序性・方向性（14）（3）個人差（14）（4）臨界期・敏感期（15）（5）発達課題（15）

第 3 節　発達を規定する要因 ………………………………… 17
（1）生得説（17）（2）環境説（18）（3）遺伝と環境の相互作用（18）（4）行動遺伝学でみる遺伝的要因と環境的要因の影響（19）

第 4 節　発達のアセスメント ………………………………… 21
〈現場教師からのメッセージ 2：発達と環境の相互作用を見つめて〉（23）

第 3 章　発達の理論 ………………………………………………… 24

第 1 節　ピアジェの認知発達段階説 ………………………… 24
（1）認知発達の原理（24）（2）認知の発達過程（24）（3）教育への実践的示唆（26）

第 2 節　コールバーグの道徳の認知発達理論 ……………… 26
（1）道徳的認知の発達原理（26）（2）道徳的認知の発達過程（27）（3）教育への実践的示唆（29）

第 3 節　エリクソンの心理社会的発達理論 ………………… 29

　　　　（1）自我の発達原理（29）（2）自我の発達過程（29）（3）教育へ
　　　　の実践的示唆（30）

　　第4節　ヴィゴツキーの社会文化的発達理論 ……………………… 31
　　　　（1）認知発達の原理（31）（2）発達の最近接領域（31）（3）教育へ
　　　　の実践的示唆（32）

　　〈現場教師からのメッセージ3：発達段階と温かな学級づくり〉（34）

第4章　乳幼児期の発達 …………………………………………… 35

　　第1節　乳幼児期とは …………………………………………… 35
　　第2節　運動の発達 ……………………………………………… 35
　　　　（1）原始反射（35）（2）随意運動（36）
　　第3節　言語と思考の発達 ……………………………………… 37
　　　　（1）前言語的コミュニケーション（37）（2）言語の発達（37）
　　　　（3）思考の発達（39）
　　第4節　社会性の発達 …………………………………………… 40
　　　　（1）親子関係（40）（2）仲間関係（42）

　　〈現場教師からのメッセージ4：心の安全基地を築く支援〉（45）

第5章　児童期の発達 ……………………………………………… 46

　　第1節　児童期とは ……………………………………………… 46
　　第2節　児童期の認知発達 ……………………………………… 47
　　　　（1）具体的操作期の特徴（47）（2）形式的操作期の特徴（48）
　　　　（3）移行期の個人差と学習への援助（49）
　　第3節　児童期の自己の発達 …………………………………… 49
　　　　（1）児童期の自己概念の発達（50）（2）自己評価の発達（51）
　　　　（3）自己概念・自己評価の変化はなぜ生じるのか（51）
　　第4節　児童期の社会性の発達 ………………………………… 52
　　　　（1）仲間集団の形成（52）（2）道徳性の発達（53）（3）仲間関係の
　　　　もたらす負の影響（53）

　　〈現場教師からのメッセージ5：遅刻に隠された成長の兆し〉（56）

第6章　青年期の発達 ……………………………………………… 57

第1節　青年期とは……………………………………………… 57
　第2節　青年期の発達的特徴…………………………………… 57
　　　（1）身体と性の発達的特徴（57）（2）認知と思考の発達的特徴（58）
　　　（3）感情の発達的特徴（59）
　第3節　自己とアイデンティティ……………………………… 60
　　　（1）自己意識の高まりと自己概念の形成（60）（2）アイデンティティ
　　　の形成（60）
　第4節　対人関係と社会とのかかわり………………………… 63
　　　（1）親子関係（63）（2）友人関係（64）（3）社会参加（64）
　　　〈現場教師からのメッセージ6：揺れる青年期の自立と寄り添い〉（67）

第7章　学習の理論……………………………………………………… 68
　第1節　学習とはなにか………………………………………… 68
　第2節　学習の理論：行動主義学習理論……………………… 69
　　　（1）レスポンデント条件付け（69）（2）試行錯誤学習（70）
　　　（3）オペラント条件付け（70）
　第3節　学習の理論：認知主義学習理論……………………… 72
　　　（1）S-O-R連合理論（73）（2）洞察学習（73）（3）社会的学習理論
　　　（74）
　第4節　学習理論の応用………………………………………… 75
　　　〈現場教師からのメッセージ7：教師の模範が学びの土台に〉（77）

第8章　記憶と問題解決………………………………………………… 78
　第1節　認知心理学とは………………………………………… 78
　第2節　記憶の種類……………………………………………… 78
　第3節　記憶の使い方…………………………………………… 80
　第4節　問題解決の考え方……………………………………… 82
　第5節　問題解決の特性と支援………………………………… 84
　　　〈現場教師からのメッセージ8：その指示、子どもにあっていますか？〉
　　　（88）

第9章　知　　　能……………………………………………………… 89

第1節　知能とは ………………………………………………… 89
　　（1）知能とは（89）（2）知能に関するさまざまな理論（89）
第2節　知能を測る ……………………………………………… 91
　　（1）ビネー式知能検査（91）（2）ウェクスラー式知能検査（93）
　　（3）KABC-Ⅱ（94）（4）その他の知能検査（95）
第3節　知能を測る上での配慮事項 …………………………… 95
　　（1）数字がもたらすインパクト（95）（2）知能水準の高さ・低さ・凸凹（96）（3）知能以外の観点からみる人間理解（97）
　　〈現場教師からのメッセージ9：知能検査の先にあるもの〉（99）

第10章　動機づけ ……………………………………………… 100

第1節　動機づけとは ………………………………………… 100
　　（1）古典的な動機づけ（100）（2）自己決定理論（101）
第2節　動機づけが低下する時 ……………………………… 102
　　（1）内発的動機づけに物的報酬を与える時（102）（2）行動が望む結果をもたらさない時（102）（3）内的・安定的・全般的な原因に帰属する時（103）
第3節　動機づけを高める教育実践 ………………………… 104
　　（1）再帰属訓練（104）（2）基本的心理欲求の充足（105）（3）教室の目標構造（106）
第4節　動機づけをみずから高めてコントロールする ……… 107
　　〈現場教師からのメッセージ10：子どもの心に火をつける教師〉（110）

第11章　教授法 ………………………………………………… 111

第1節　さまざまな授業形態 ………………………………… 111
第2節　教授と学習に対する心理学の考え方 ……………… 112
第3節　心理学の考え方に基づく教授法の種類 …………… 113
　　（1）行動主義に基づく学習方法（113）（2）認知主義に基づく学習方法（114）（3）状況主義に基づく学習方法（115）
第4節　教授と学習における個人差 ………………………… 117
　　（1）適性処遇交互作用（117）（2）さまざまな適性要因（118）
　　（3）適性処遇交互作用と授業の実践（119）

〈現場教師からのメッセージ11：変化の時代における学びの進化〉(121)

第12章　教育評価　122

第1節　教育評価の基本　122
（1）教育評価の目的と重要性（122）（2）評価の時期と種類（123）
（3）評価方法の選択（124）

第2節　評価技法とその応用　124
（1）評価手法の多様性（124）（2）評価プロセスの注意点（125）
（3）評価を行う主体（126）

第3節　実践的な評価とフィードバックの方法　127
（1）能力評価の多面的な方法（127）（2）効果的なフィードバックと評価の連携（129）（3）評価の倫理（130）

〈現場教師からのメッセージ12：評価をする私に注意〉(132)

第13章　学級集団　133

第1節　学級集団とは　133
（1）学級集団が子どもたちに与える影響（133）（2）学級集団の特徴と機能（133）

第2節　子どもの視点から学級集団をとらえる　136
（1）学級集団のアセスメントの意義（136）（2）客観的データに基づく学級アセスメント（136）

第3節　教師の視点から学級集団をとらえる　138
（1）教師特有の信念と不合理な思い込み（138）（2）教師が子どもをみる視点（139）

第4節　学級集団と教師の適合性："マッチング"という視点からの検討　141

〈現場教師からのメッセージ13：学級を開き、育て、発展させる〉(143)

第14章　パーソナリティと適応　144

第1節　パーソナリティ理論　144
（1）類型論（144）（2）特性論（145）

第2節　パーソナリティの測定　147
（1）質問紙法（147）（2）作業検査法（148）（3）投影法（148）

第 3 節　欲求と葛藤 ……………………………………………… 149
　　（1）欲求階層説（149）（2）ストレスのメカニズム（150）（3）ストレス状況を乗り越える力（151）

第 4 節　適 応 機 制 ……………………………………………… 152
　　〈現場教師からのメッセージ 14：自分を守ることで、子どもたちを守る〉（154）

第 15 章　カウンセリング …………………………………………… 155

第 1 節　カウンセリングとは ……………………………………… 155
　　（1）カウンセリングと心理療法（155）（2）カウンセリングの定義（155）

第 2 節　カウンセリングの基本姿勢と技法 ……………………… 157
　　（1）カウンセリングの基本姿勢（157）（2）カウンセリングの技法（159）

第 3 節　カウンセリングの理論：来談者中心療法 ……………… 161

第 4 節　教師にとってのカウンセリング ………………………… 162
　　（1）カウンセリングと生徒指導（162）（2）カウンセリングと授業（162）
　　〈現場教師からのメッセージ 15：学びの鍵は聴く力にあり〉（165）

EDUCATIONAL
THEORY AND PRACTICE
PSYCHOLOGY

教育心理学の
理論と実践

教育心理学とは

第1節 教育心理学とは

（1）教育心理学の定義と学ぶ目的・意義

　新・教育心理学事典には「教育心理学とは、教育に関連する諸事実について研究し、教育の効果を高めるのに役立つような心理的知見と心理技術を提供しようとする学問である。」と記載されています。鹿毛（2006）は、「教育心理学とは、人はどのように成長していくのか、学ぶこと、教えることはどのような営みなのか、さらによりよい教育とは何なのかといった問いに対する探究を通して『教育とは何か』という認識と、『教育をどのようにしたら良いのか』という見通しを我々にもたらしてくれる学問である。特に、この学問は、人が何を思い、何を感じ、考え、どのようにふるまうのかという事に注目する心理学的なアプローチをとっている。我々の身近な体験に密着したデータを基に教育を探求しようとする点において、日々の教育実践に近いところにいる学問だといえるであろう。」と述べています。

　次に、教育心理学を学ぶ目的・意義について述べます。教室には、さまざまな個性、性格の児童生徒がおり、また、学習に向かう意欲・態度、学力もいろいろです。教師は子ども一人ひとりの興味を引きつける導入ネタや教材を探し、子どもが「どうしてだろう？」と考えるような問いを用意しておくなどの準備が求められます。子どもが「わかる」と思える授業を探求する過程では、教育心理学の、たとえば、記憶のしくみ、動機づけ、適性処遇交互作用等の知識や考え方が参考になります。また、**いじめ**や**校内暴力**等が発生しないように予防的な生徒指導を目指す時には、教育心理学の開発的生徒指導、学級集団理解、学校でのカウンセリング、**特別支援教育**、**不登校**やいじめに関する知識や法律が役立ちます。学級経営に役立つ具体的な心理教育の技法として、生徒指導提

要でも紹介されているソーシャルスキル・トレーニング（学校現場では**ソーシャルスキル教育：SSE**と呼ばれています）、ソーシャル・エモーショナル・ラーニング（通称、**SEL**）等が役に立ちます。中・高校生の進路選択、あるいは、高校・大学受験等をする際の進路指導においては、思春期・青年期の発達課題、キャリア教育、性格特性や性格検査や人格検査などが役立ちます。

　また、子どもにとって、教師との関係は大事ですが、仲間関係はさらに大事です。学校生活を楽しめているか否かは、仲の良い仲間がいるかどうかにかかっているといっても過言ではありません。しかし現実には、いじめの認知件数や不登校児童生徒数は増加の一途にあります。それだけ、人間関係に悩む児童生徒が多いと考えられます。人間関係がうまくいかないことによって、児童生徒の気持ちが不安定になり、学習意欲が低下したり、成績が下がったりすると、ますます不安定になるということもあります。こうした児童生徒への個別サポートをする際には、生徒指導のなかの教育相談の技法（**受容**、**傾聴**、**共感**など）を用いた個別支援、担任・養護教諭・**スクールカウンセラー**等による連携支援が有効です。

　さらに、今日では、特別支援教育の重要性がますます高まっています。文部科学省（2024）によると、直近10年間で義務教育段階にいる児童生徒数は1割減少する一方で、特別支援教育を受ける児童生徒数は倍増しています。学校生活や授業の受け方等に関して、合理的配慮が必要な場合もあります。教師は、発達段階と発達課題、発達障害の特徴、特別支援教育に関する法律などを理解しておく必要があります。特別支援教育のほかに、外国籍生徒への対応、さまざまな文化・宗教をもつ家庭とその子どもへの対応、身体の性と性自認が異なる子どもへの対応などが求められることも増えてきています。

（2）教育心理学と学校心理学の違い

　教育心理学の近接領域に学校心理学があります。学校心理学を日本に普及させた石隈（1999）は、学校心理学は「学校教育において一人ひとりの児童生徒が学習面、心理・社会面、進路面における課題への取り組みの過程で出会う問

題状況の解決を援助し、成長することを促進する心理教育的援助サービスの理論と実践を支える学問体系である。心理教育的援助サービスは、教師と学校心理学の専門家（スクールカウンセラー）が保護者と連携して行う。心理教育的援助サービスには、すべての子どもを対象とする活動から、特別な援助ニーズをもつ子どもを対象とする活動までが含まれる」と述べ、以下の３点を両者の違いとしてあげています。

①教育心理学は、教師の指導サービスと援助サービスを含む、学校教育全体における心理学的知見を提供する。一方、学校心理学は教師やスクールカウンセラーによる援助サービスに焦点をあてる。したがって、教育心理学の知見は、教師の教育活動全般に関わるものが多いが、学校心理学の知見は教師とスクールカウンセラーの援助サービスに活動に関するものに焦点があたる。

②教育心理学は、小学校・中学校・高校・大学における学校教育だけでなく、社会教育や家庭教育も含めて広く教育活動全体を対象とするが、学校心理学は主として小学校・中学校・高校における援助サービスを対象とする。

③教育心理学は主として一般的な理論を志向するが、学校心理学は実践に対する妥当性と有効性が命である。

このように両科目にはそれぞれ特徴があります。学校心理学に関する授業が開講されていれば、受講することをお勧めします。

第２節　教育心理学の研究方法

（１）データを収集する必要性とその方法

自然科学において観察と実験は重要な方法である（子安，2015）といわれています。心理学においても、できるかぎり客観的かつ科学的に人の心を理解するために、行動観察法、実験法、インタビュー法、アンケート調査等を行い、より多くのデータを集めます。観察法や面接法によって収集された質的データは、質的データ分析法を用いて分類・整理されます。質問紙調査法や実験法によって集められた数量的データは統計法を用いて分析されます。こうした手続きは

実証的方法と呼ばれています。

（2）観　察　法

　吉野（2020）は、観察法とは、観察者が観察対象を見ることによって、観察対象や観察対象を取り巻く環境に関する資料を得る研究法であると述べています。教師は、子どもを毎日観察しているはずです。「はず」としたのは、「観察する」と「見る」は違うからです。教師が、「体調は良さそうか」「いつもと変わった様子はないか」などの情報を収集する目的で、子どもの表情や声に注目する場合は観察です。しかし、学級担任として毎日同じようにあいさつをしていると、慣れが生じ、「ただ見ている」になるおそれがあります。教師が観察対象である子どもと関わりながら観察することを参加観察といいます。

　別の方法に非参加観察法があります。こちらは、観察者と観察対象者が直接のかかわりをもたないで、観察することです。具体例を紹介します。筆者は幼稚園で保育カウンセラーをしています。幼児を観察する際には、参加観察法と非参加観察法の両方を用いて、目的によって2つの方法を使い分けています。「ごっこ遊び」をしている場面での幼児同士のやりとりを観察したい時には、少し距離のある位置に立ち、話しかけずに見守るように観察します。しかし、特定の幼児を観察したい時には、砂場等で遊んでいる該当児の側に行き、「いーれて」などの声をかけ、会話をしたり、一緒に山を作ったりしながら観察します。

　観察した後は、メモなど簡単でよいので記録しておくと良いでしょう。どんな場面で、誰が、何をして、どうなったか、それを観察した自分は何が気になったのかを観察記録として残しておきます。子どもの実名は書かずに、A君などのように匿名化しておく方が個人情報保護の観点から安全です。

（3）面　接　法

　面接法は、特定の個人、少数の対象者について深く理解したい時に、用いられることが多いです。こうした研究は事例研究と呼ばれています。

面接法では、面接者（調査をする人）と面接協力者（調査に協力する人）が、基本的に対面で話しあいながら進めていきます。対面の利点は、面接協力者が語る言語による情報と、その時の表情、話し方、身振り手振りといった非言語的情報を総合して理解することができます。また、面接者と面接協力者が話しあう過程で、質問の意味がわからない時、それについてもう少し詳しく知りたい時などに、その場で確認したり、追加で質問することもできます。

　一方で、面接法は、面接を行う場所と時間が必要です。また、面接は1人ずつ行われることが多いので、質問紙調査のように1回の調査で数十名分のデータを集めるということはできません。さらに、面接者と面接協力者の双方に負担が生じることもあります。たとえば、面接協力者が1対1の面接に対して緊張感や不安を感じる場合や、面接の時間が長くなり疲労が生じる等です。

　面接法は、構造化された面接法、非構造化された面接法の2つに分けられます。構造とは、面接中の質問と回答のやりとりをする際の枠組みのことです。構造化された面接法では、研究主題に沿って質問項目や質問する順番があらかじめ決められています。つまり、探索的な目的よりも、仮説を検証するために用いられます。面接時間も、あらかじめ30分と決めておき、実際30分前後で終わらせます。面接構造があらかじめ決まっていますので、面接者によって、面接構造が大きく変わることや、面接者個々の考えなどが回答者に与える影響を少なくすることができます。

　非構造化面接は自由面接法ともいいます。この方法では、研究主題に沿った質問項目が、あらかじめ用意されてはいません。面接者が面接協力者に「〇について自由に話してください」と質問し、その後の流れや質問は、回答内容に応じて臨機応変に進められていきます。ゆえに、面接者がどのように質問し、どのように面接を進めるかによって、回答が変わる可能生があります。

　面接から得たデータは質的データと呼ばれます。能智（2003）によると、質的データ分析の基本的な流れは、①データを読み概略を描く、②重要な部分を選び、名前をつけ概念化する、③類似する概念を整理したり、概念同士の関係を探る、④概念化されたデータを再統合する、です。①～④をくり返しながら、

研究目的に即してデータを分類・整理します。その他、質的データの分析法には、KJ法、グラウンデッドセオリー法、伝記法などがあります。

（4）質問紙調査法

質問紙調査とは、「いじめ」等のなんらかのテーマについての複数から構成される質問項目群を回答者に読んで回答してもらい、その結果から、回答者のいじめに関する考え、気持ち、行動などを把握するための方法です。100名分の回答があれば、そこから合計値、平均値等を求めることができます。したがって、質問紙調査法の利点は、面接法よりも少ないコストで、多くのデータを集められることです。

質問紙調査法の短所は主に3つあります。1つは、回答協力者が、質問紙に書いてある言葉を理解し、回答することができる言語能力を身につけていることが求められることです。2つ目は、面接法のように詳しく質問することはできません。回答から、たとえば、「算数」がどの程度好きかはわかりますが、理由やいつからそう思ったのか等の情報を得ることはできません。3つ目は、調査協力者が回答する際に、「こう答えれば、先生からよく思われる」などの考えが浮かび、実際とは違う回答やより理想的なことを回答してしまうおそれがあることです。これは社会的な望ましさバイアスと呼ばれています。

質問紙等を用いて集められたデータは数量的データと呼ばれます。数量的データは統計的手法を用いて分析されます。分析の種類はいろいろありますので、ここでは相関分析と平均値の差の検定についてごく簡単に紹介します。前者は、2つの変数のあいだに直接関係があるかどうかを確認するための分析です。その指標はピアソンの積率相関係数（rと表記される）が使われることが多いです。後者は、2つ以上の変数の平均値間に差があるかを確認するための検定です。2つの平均値間の差を調べる時はt検定が用いられ、3つ以上の平均値間の差を調べる時は分散分析が用いられます。他にもさまざまな分析方法があり、「心理学統計法」等の授業で紹介されます。

(5)実　験　法

　実験は、仮説を検証したり、新しい知識を得るために行われます。実験法では、操作する要因は**独立変数**（学年や性別など）、操作によって変化する要因は**従属変数**（テストの得点など）と呼ばれます。実験法では、実験条件の統制が求められます。これは、実験をして明らかにしたいこと以外の要因は、できるかぎり取り除いておくことを意味します。たとえば、心理学実験室を用いることで、独立変数以外の刺激を排除し、かつ、音、温度、湿度なども管理することができます。実験法は科学的手法であり、そこから得られた結果は説得力があります。他方で、実験法にも弱点はあります。実験条件を厳密に統制するほどに、私たちの日常生活で起こっていることとはかけ離れていきます。また、1つの実験で複数の独立変数を同時に扱うことはできません。

　学校現場では、子どもの声、チャイムの音などを消すことは不可能ですので、実験室実験と同様の実験をすることはできません。それゆえに、学校現場で行われる実験は準実験法と呼ばれています。たとえば、算数の教授法によって、子どもの理解度は変わるのかを検証するとします。算数の教え方は従来通り黒板を使った方法とタブレットを使った新しい方法の2種類を準備します。仮説は、タブレットを使用した授業の方が、黒板を使った授業よりも、子どもの理解度は高くなるだろう、です。仮説を検証するために、算数のテストの得点を使用します。この場合、独立変数は算数の教え方、従属変数は算数のテスト得点となります。テストの結果として、タブレットを使用した授業を受けたクラスの方が、黒板を使った授業を受けたクラスよりも、算数のテスト得点が高ければ、仮説は正しかった可能性が示唆されたといえます。ただし、授業方法以外の変数を統制しておく必要があります。たとえば、実験開始時点における2つのクラスの算数の学力や興味関心の程度はほぼ等しい、両クラスの人数と男女比もほぼ等しいなどです。授業方法以外の要因を等質にすることで、算数のテストの得点の違いは、授業方法が原因であったと推測することができます。

第3節　教育心理学を活かした実践例：学校での心理教育

　今日では、少子化やコロナ禍等の影響により、子どもの人間関係形成力は弱まっています。それだけに、いじめや不登校の予防においては、担任教師が学級の人間関係づくりを意識して行う必要があります。学校現場で導入されている予防的心理教育として、p.3でふれたソーシャルスキル教育（SSE）と不登校等の予防を目的とした強み教育の2つを紹介します。まず、SSEのソーシャルスキルとは、人間関係づくりのための技術（コツ）です。たとえば、「話し方、聞き方」「ありがとう、ごねんねの伝え方」「仲間の誘い方、仲間への入り方」などです。SSEとは、対人関係に関わる具体的な知識や技術を教師が教室のなかで子どもたちに教えようとする教育実践（相川・佐藤, 2006）と定義されています。SSEの授業を行う時は、教師が子どもたちに身につけてほしいと思うソーシャルスキルを授業内容として選択します。たとえば、「あいさつ」は人間関係においてもっとも必要なスキルですから、これを学習内容として設定します。

　SSEの授業は内容と進める順番が決まっています。①インストラクション（導入部）では学習内容を説明します。②モデリング（やってみせる）では、教師が子どもに「相手を見てあいさつをする」場面と「下を向いて小さい声であいさつする」場面を意図的に対比的にやってみせます。子どもは2つの場面を見て比較し、どこが違うのか、あいさつすることの意味を改めて考えたり、気づいたりします。③リハーサル（子どもが体験学習する）では、②で見た2つの場面を子どもが2人組になって実体験します。②と③の見て体験して学ぶことがSSEの特徴です。④フィードバック（ふり返り）では、体験した感想、気づきを話しあいます。⑤ホームワーク（宿題）では、家族を相手に学習したスキルを練習します。スキルは技術ですから、くり返し練習することで獲得され上達します。あいさつが上手にできるようになると、自分から友だちに声をかけやすくなり、仲間関係もよくなります。たとえば、「おはよう、○さん、休み時間一緒に遊ぼう」と誘えるようになります。友だちができ、楽しい経験が増え

ることは、学校生活の充実につながり、不登校やいじめといった問題の予防になるのです。

　次に、小学校高学年を対象とした強み教育（梶原・藤枝, 2024）を紹介します。強み（Strengths）とは、「人が活躍したり最善を尽くすことを可能にさせる特性」と定義されています（Wood et al., 2011）。強みとは長所、得意なことです。したがって、強みには足が速い、絵が上手なども含まれますが、心理学では、性格の強み（Character Strengths：CS）に着目します。授業は「私の強み、お友だちの強みを見つけよう！」というタイトルで、道徳の授業として「自分の強みを見つけよう」、「お友だちの強みを見つけよう」、「見つけた強みを班で話しあおう」という活動を行いました。子どもに対して授業の前後でアンケート調査を行い比較した結果、自分の強みに気づくことで、自信が生まれ、生活のなかで強みを使ってみようという気持ちになったことがわかりました。また、「とても悲しい気がする」のような抑うつ気分は減少する傾向にありました。つまり、強み教育は、子どもの心の健康に一定程度、役立つ可能性があると考えられます。

（藤枝　静暁）

〈引用・参考文献〉

相川充・佐藤正二（編）　2006　実践！ソーシャルスキル教育　中学校──対人関係能力を育てる授業の最前線──　図書文化社

石隈利紀　1999　学校心理学──教師・スクールカウンセラー・保護者のチームによる心理教育的援助サービス──　誠心書房

海保博之（監修）鹿毛雅治（編）　2006　朝倉心理学講座8　教育心理学　朝倉書店

梶原真衣・藤枝静暁　2024　高学年児童を対象とした強みへの注目と強みの活用感および子どもが認識する父親・母親からの強みへの注目の関連の検討　日本教育心理学会第66回総会発表論文集, 465.

子安増生　2015　教育心理学の課題　子安増生・田中俊也・南風原朝和・伊東裕司　ベーシック現代心理学6　教育心理学　第3版　有斐閣

文部科学省　2017　教職課程コアカリキュラム
　　https://www.mext.go.jp/b_menu/shingi/chukyo/chukyo3/002/siryo/__icsFiles/afieldfi

le/2017/12/08/1399160_05.pdf
文部科学省　2022　生徒指導提要（改訂版）
　　https://www.mext.go.jp/content/20230220-mxt_jidou01-000024699-201-1.pdf
文部科学省　2024　特別支援教育の充実について
　　https://www.mhlw.go.jp/content/001231516.pdf
能智正博　2003　第4章　質的データの分析　南風原朝和・市川伸一・下山晴彦（編）心理学研究法　放送大学教育振興会
依田新（監修）　1979　新・教育心理学事典　金子書房
吉野優香　2020　教育心理学の方法　武田明典（編）　教師と学生が知っておくべき教育心理学　北樹出版
Wood, A. M., Linley, P. A., Maltby, J., Kashdan, T. B., & Hurling, R.　2011　Using personal and psychological strengths leads to increases in wellbeing over time: A longitudinal study and the development of the strengths use questionnaire. *Personality and Individual Differences*, 50, 15-19.

　〈読者のための読書案内〉

渡辺弥生（監修）、藤枝静暁・藤原健志（編著）『対人援助職のための発達心理学』北樹出版、2021 年：受精から他界までの人の一生の心身の変化（生涯発達といいます）がわかりやすく書かれています。教師、心理師、児童指導員、ソーシャルスキルワーカーなど対人援助職を目指すみなさんにおすすめです。

藤枝静暁『不登校・登校しぶり――親子によりそうサポート BOOK』ナツメ社、2023 年：子どもが不登校、登校しぶりという親御さんたちからのリクエストを受けて作成しました。実際に、親御さんから話を聞き、どんなことで困っているのか、何が不安なのかを教えていただきながら、そこを解消することを目指しました。

藤枝静暁（監修）『子どものためのソーシャルスキルブック――人付き合いが上手になる！』少年写真新聞社、2022：幼児から高校生を対象としています。「キレそうな時」「頼みごとをしたい時」など人間関係の場面を具体的にあげ、「どうしたら良いか」をソーシャルスキルの視点から紹介しています。

現場教師からのメッセージ1: 教育心理学が灯す希望の光

　予測困難な時代の到来に伴い、教師には複雑化・多様化する課題に対応していくことがこれまで以上に強く求められています。そして、激しく移り変わる時代に教師として適応し続けるためには、学び続けるしかありません。学び続けることで、自分自身をアップデートさせるしかないのです。もし学ぶことをやめ、今の場所にとどまり続けていたら、あっという間に時代に取り残され、胸を張って子どもたちの前に立つことはできないでしょう。

　では、教師はどのようなことを学べばよいのでしょうか。一人ひとりの教師が自身の興味・関心に従い、学習指導・生徒指導に関する最新の専門的知識や指導スキルを獲得していくことはもちろん必要です。しかし、「不易と流行」という言葉があるように、自分を支える「不易である学問」を学ぶことも重要なことです。たとえるならば、暗闇の荒れた海に放り出された船が、迷いながらも進んでいくために拠り所とする「灯台の光」を確保するイメージです。そして「教育心理学」こそが、もっとも重要な光の1つであると断言することができます。なぜならば、教師という仕事は、学習指導においても生徒指導においても、子どもたちの「心」と向きあう仕事だからです。教育心理学は、暗闇のなかでもたしかな光を放ち、予測困難な時代の教師を導いてくれるはずです。

　筆者は、小学校教師になったばかりの頃、自分の経験と勘のみを頼りに子どもたちと向きあってきました。子どもたちに恵まれたこともあり、はじめのうちはそれなりに手応えを感じることができました。しかしながら、時代が変化する速度が増し、自身が子どもの頃に受けていた教育と、教師としての立場で行う教育とのあいだに大きな開きが生じるようになっていきました。また、学級担任という立場であれば効果をあげていた実践も、体育主任や生徒指導主任、学年主任とより大きな視野と責任が求められる立場になっていくにつれ、思うようにいかなくなることも増えていきました。

　いつしか、「学びたい」という欲が自分の内から沸々と湧いてくるのを感じるようになりました。その気持ちに従い、学級担任を務めながら大学院に身を置くことで、実践と理論の往還を目指すことにしました。そんな筆者の教師としてのあり方を支えてくれた学問は、もちろん教育心理学です。21年間の小学校教師人生で筆者が感じてきたことを、各章のコラムに詰め込みます。新芽の若い世代のみなさんはもちろん、現場で日々奮闘する先生方に役立ててもらえれば、こんなにうれしいことはありません。

（一色　翼）

発達の原理

第1節　発達とは何か

　「発達」という言葉を聞いて、みなさんはどのようなイメージをもちますか。歩くことができるようになった、人の気持ちを理解できるようになったなど、子どもに特有のことで、何かができるようになるというイメージをもつ人が多いでしょう。実際に「発達」という言葉を辞書で調べてみると、「成長して、より完全な形態や機能をもつようになること」、「そのものの機能がより高度に発揮されるようになること」、「そのものの規模がしだいに大きくなること」など、上昇的、発展的な変化を意味しています。

　かつては心理学においても、発達は子どもの時期に生じる上昇的、発展的な変化ととらえられていました。しかし現在では、発達は受精から死に至るまでの心身の構造・機能における量的・質的な変化ととらえられています。つまり、発達は子どもの時期だけに起こるものではありません。私たち人間の寿命が伸びたことで、おとなになってからの変化も重要視されるようになり、発達のとらえ方が変わってきたのです。こうした発達のとらえ方を生涯発達といい、このとらえ方を示した1人に教育学者のバルテスがいます（たとえば Baltes, 1987）。

　子どもの時期だけではないということからもわかるように、発達は獲得と衰退（喪失）の相互作用によって生じる複雑な過程です。衰退（喪失）と聞くとマイナスの印象を受けるかもしれません。しかし、衰退（喪失）は必ずしもマイナスなことだけではありません。たとえば人の赤ちゃんは、生後半年頃は人だけでなくサルの顔が見分けられますが、生後9ヵ月頃になるとサルの顔は見分けられなくなります（Pascalis et al., 2002）。これは私たちが生活するなかで必要な能力のみが残るという環境への適応として考えることができます。またおとなになり年齢を重ねると、衰退する一方かというとそうではありません。たし

かに速く走ることやたくさん覚えることなど、むずかしくなることもありますが、それまでは解決困難だった課題を経験をふまえて対処するなど、年齢を重ねることでできるようになることもあります。

第2節 発達の特徴

発達にはいくつかの特徴があります。ここでは5つの特徴を紹介します。

（1）分化と統合のプロセス

産まれたばかりの私たちの心身の機能は非常に未分化な状態です。それが分化していき、いくつかの分化した状態が統合されます。たとえば手指の動きは、はじめは手全体で握っていますが、徐々に分化し親指と人差し指でつかめるように発達します。つまり発達は**分化と統合のプロセス**なのです。

（2）順序性・方向性

発達には一定の順序や方向があります。**発達の順序性**の1つの例として、はいはいができるようになるまでの発達があります。首が安定する→頭と肩のコントロールが可能になる→上体を起こせるようになる→よろめきながらよつんばいが可能になる、という順で進みます。

身体**発達の方向性**には、頭部から尾部へと、中心から周辺へという2つがあります。私たちは産まれる時にはおおよそ4頭身ほどですが、おとなになると7－8頭身ほどになります。このことから全身に占める頭の割合が小さくなっていることがわかります。つまり、早い時期に頭の発達が起こり、徐々に足の方へと進んでいくという方向性があることが確認できます。

（3）個　人　差

発達には**個人差**があります。身長で考えてみると、いつぐんと身長が伸びるかや、どれくらいまで身長が伸びるかということは人によって違っていること

がわかるでしょう。

（4）臨界期・敏感期（最適期）

　発達において、ある時期に特定の経験をするとその効果があらわれ、その時期を過ぎると効果があらわれなくなるという時期のことを**臨界期**といいます。動物行動学者のローレンツ（Lorenz, K.）は、鳥類が孵化後一定期間以内に見た動くものを親鳥と認識して後を追いかけるようになること発見し、**刻印づけ**（インプリンティング）と呼びました。この一定期間（24〜48時間以内）を過ぎてしまうと、たとえ本物の親鳥を見たとしても後を追いかけるようにはならないことが報告されています。つまり臨界期における初期経験がその後の発達において重要な意味をもつのです。

　人の場合は、初期にきわめて不適切な養育を受けた子どもがその後の養育環境により発達がキャッチアップしたという報告などもあることから、それほど限定的ではなく、ある時期に特定の経験をすることで効果が現れやすいとする、**敏感期**や**最適期**としてとらえられています。

（5）発達課題

　ある時期に共通する特徴で期間を区切って発達をとらえることを**発達段階**といいます。それぞれの発達段階にはその段階で達成することが望まれる課題があり、それを**発達課題**と呼びます。**ハヴィガースト**（Havighurst, J., 1953; 1972）は、発達課題を達成することは社会において健全な成長をもたらすものであるとしています。各段階で発達課題を達成することができれば、人は幸福になり、その後の課題も達成することが可能となりますが、ある段階で課題を達成することができないと、人は社会で認められず、その後の課題を達成することも難しくなると考えられています。表2-1にハヴィガーストが示したそれぞれの発達段階における**発達課題**を示しました。発達課題のなかには社会的・文化的な条件と関連するものもあり、普遍的なものばかりではありません。

表 2-1 ハヴィガーストの発達課題 (Havighurst, J., 1953;1972)

発達段階	課題
幼児期	歩行の学習 固形物を食べることの学習 話すことの学習 排泄のコントロールの学習 性差を知り、性に対する慎みを学ぶこと 社会や事物についての単純な概念を形成すること 読むことの用意をする 両親やきょうだい、他の人と情緒的に結びつくこと 善悪を区別することの学習と良心を発達させること
児童期	通常の遊びに必要な身体的技能の学習 成長する生活体としての自分に対する健全な態度を身につけること 同年代の友だちと仲良くすること 男女それぞれにふさわしい社会的役割を学ぶこと 読み・書き・計算の基礎的な能力を発達させること 良心・道徳性・価値判断の尺度を発達させること 個人としての自立を達成すること 社会集団や社会制度に対する態度を学ぶこと
青年期	同年代の男女との成熟した関係を結ぶこと 男性・女性としての社会的役割を学ぶこと 自分の体の構造を理解し、身体を効率的に使うこと 親や他の大人から情緒的に独立すること 経済的な独立について自信をもつこと 職業を選択し、準備すること 結婚と家庭生活の準備をすること 市民として必要な知識と態度を発達させること 社会的に責任のある行動をもとめ、それを実行すること 行動の指針としての価値や倫理体系を学ぶこと
成人期	配偶者を選ぶこと 配偶者との生活を学ぶこと 家族をつくること 子どもを育てること 家庭を管理すること 職業に就くこと 市民としての責任を負うこと 自分に適した集団を見つけること
中年期	大人としての市民的・社会的責任を達成すること 一定の経済的生活水準を築き、それを維持すること 子どもたちが責任を果たせる幸福な大人になれるよう援助すること 大人の余暇活動を充実すること

	自分と配偶者が人間として結びつくこと 中年期の生理的変化を受け入れ、それに適応すること 年老いていく両親に適応すること
老年期	体力と健康の衰退に適応すること 退職と収入の減少に適応すること 配偶者の死に適応すること 同年代の人々と親密な関係を結ぶこと 社会的・市民的義務を引き受けること 満足な生活をおくれるように準備すること

第3節 発達を規定する要因

　私たちの発達を規定する要因には**遺伝的要因**と**環境的要因**があります。発達が遺伝的要因によるものか、環境的要因によるものかという論争は、心理学の歴史において長く続けられてきました。発達において遺伝的要因を重視する考えを**生得説**（成熟説）、環境的要因を重視する考えを**環境説**（学習説）といいます。

（1）生得説（成熟説）

　産まれもった遺伝的な特徴が時間経過とともにその人の特徴として現れてくることを成熟といいます。生得説（成熟説）とは、ある年齢で現れる人の特徴（その人の発達）はその人がもともともっている遺伝的な特徴によって決まるという、遺伝的要因を重視した考え方です。

　この考え方を支持する代表的な研究に、**ゲゼル**（Gesell, A.）の一卵性双生児を対象にした階段上りの研究があります。この研究では、一卵性双生児のうち階段上りの訓練を早い時期から始めた子どもの方が、訓練をしている時点では上手に階段が上れるようになったものの、時期的には遅れて階段上りの訓練を始めた子どもも、訓練期間は短くてもある時期には同じように上手に階段が上れるようになることが示されました（Gesell, & Thompson, 1929）。この研究からゲゼルは、訓練のような環境の影響よりも成熟が重要であり、環境の効果が十

分に発揮されるためには心身の準備状態が整っている必要があることを主張しました。この学習に対する心身の準備状態のことを**レディネス**といいます。

（2）環境説（学習説）

一方で、ある年齢における人の特徴（人の発達）は経験や学習などの環境によって決まるという環境的要因を重視した考え方があります。この考え方が環境説（学習説）です。環境説（学習説）を支持する代表的な研究者に行動主義心理学を提唱した**ワトソン**（Watson, J. B.）がいます。ワトソンは、健康な子どもと、自分が目指す子どもを育てる環境を与えられれば、どのような祖先や傾向をもった子どもでも、どんな職業にでもすることができると語りました（Watson, 1925）。

（3）遺伝と環境の相互作用

生得説（成熟説）と環境説（学習説）は遺伝的要因と環境的要因のいずれかのみを重視する考え方です。しかしみなさんはこれらの考え方には違和感をもったかもしれません。発達を規定する要因に関する議論のなかでは、いずれか一方だけではなく、遺伝的要因も環境的要因も重要であるとする考え方も登場します。その代表的な考え方が**輻輳説**や**環境閾値説・相互作用説**です。

①輻 輳 説

シュテルン（Stern, W.）が提唱した輻輳説とは、ある特徴の発達についての遺伝的要因と環境的要因の影響を加算的にとらえる考え方です。遺伝的要因の影響がどの程度で、環境的要因の影響がどの程度かということは、その特徴によって異なっていると考えられています。この考えを示したものが、ルクセンブルガーの図式です（図2-1）。遺伝的要因と環境的要因は独立したものと考えられ、図の左端に近いほどその特徴は遺伝的要

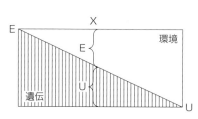

図2-1　ルクセンブルガーの図式（新井, 1997より引用）

因の影響が大きく、右端に近いほどその特徴は環境的要因の影響が大きいことになります。

②環境閾値説・相互作用説

相互作用説とは、遺伝的要因と環境的要因も相互に影響を与えながら、相乗的に発達を規定するという考え方です。成熟することにより学習や経験などの環境が影響を受けることもあるでしょうし、環境により成熟が影響を受けることもあるでしょう。

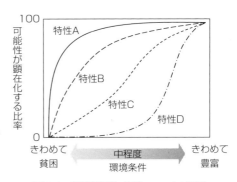

図2-2　環境閾値説（新井，1997より引用）

たとえば音楽の才能がある子どもが、日常的に音楽にあふれている家庭で育つことで音楽に興味をもち、みずから訓練を受けるようになることでもともともっていた才能が世に認められるようになるということです。

遺伝と環境が相互に影響を与えあいながら発達を規定するという考えの1つには、**ジェンセン**（Jensen, A.）が提唱した**環境閾値説**があります（Jensen, 1969）。環境閾値説では、遺伝的な特徴が現れるには一定の水準以上の環境条件が必要であると考えます。そしてその水準は特徴ごとに異なっているとされています（図2-2）。特性A（たとえば身長など）では、環境条件がきわめて劣悪な場合以外は遺伝的な特徴が現れますが、特性D（たとえば絶対音感など）では、環境条件がかなり豊かでないと遺伝的な特徴が現れないことになります。つまりその遺伝的な特徴によって、求められる環境条件の水準が異なっており、環境条件が一定水準に達しない場合は遺伝的な特徴をもっていたとしても、それが現れないことになります。

（4）行動遺伝学でみる遺伝的要因と環境的要因の影響

遺伝と環境が実際に発達にどのような影響を与えているのか疑問を感じたことでしょう。この疑問への説明を試みているのが行動遺伝学です。行動遺伝学

では、さまざまなデータから統計的手法を用いて、遺伝と環境のそれぞれの影響や遺伝と環境の相互作用による影響を検討しています。用いられるデータは双生児研究によるものです。一卵性双生児では2人の遺伝子の構成はまったく同じですが、二卵性双生児では2人の遺伝子の構成はきょうだいと同程度の類似度です。このように遺伝的な特徴の類似度がわかっている双子に協力をしてもらうことで、遺伝的要因について考えることができるようになります。また環境的要因は共有環境と非共有環境（それぞれが別に経験をつんでいる環境）に分けて考えます。こうした検討から、多くの特徴が遺伝的な影響を受けていることや、共有環境の影響はあまり大きくなく、非共有環境の影響が大きいことなどが報告されています。たとえば、安藤（2023）は、知能やパーソナリティは遺伝的要因と環境的要因から図2-3のような影響を受けていることを示しています。

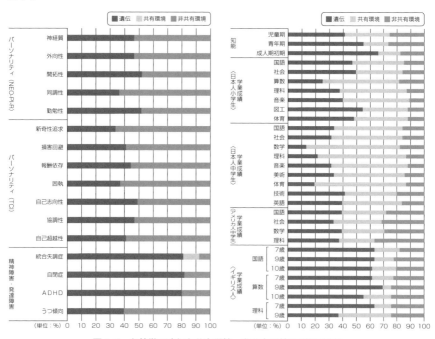

図2-3　各特徴の遺伝と共有環境・非共有環境の影響の割合

第4節　発達のアセスメント

　教育者・保育者を目指すみなさんが発達を学ぶことは、子どもにとって適切な教育・保育・支援を展開するために欠かせません。同時に、目の前にいる子どもを理解することも重要です。目の前にいる子どもを理解、支援するために、発達アセスメントを実施、活用します。発達アセスメントとは、人を理解し、人の行動や発達を予測し、その発達を支援する方法を決定するために行われる測定・評価と定義されます（本郷，2008）。

　その方法は多岐にわたり、既存の発達検査を用いる場合もあるでしょうし、対象となる子どものためにオリジナルな内容を考えることもあるでしょう。既存の検査を使用する場合には、それぞれの検査がどのような目的で作られており、何を知ることができるのかを理解した上で活用することが必要となります。どのような目的で、その時点でその子ども（もしくは子ども集団）に対して発達アセスメントを実施するのかを明確にして、その目的にあったアセスメント方法を用いることが必須です。さらに、発達研究と同様に、1つですべてがわかるようなアセスメント方法はありません。いくつかのアセスメント方法を組みあわせ、それを定期的に実施することなどで、対象となる子どもにとって有効なアセスメントになります。

　そしてアセスメントを実施する際には、発達の原理や発達の理論、各発達段階の特徴を理解していることが前提となります。発達について十分に理解をすることで、目の前の子どもの状態を適切に把握できるのです。

　発達アセスメントをする方法の詳細については、発達研究の総論（第1章）や、知能（第9章）、仲間関係（第13章）、パーソナリティ（第14章）などの具体的なアセスメント方法もあわせて確認してください。

（桑原　千明）

〈引用・参考文献〉
安藤寿康　2023　教育は遺伝に勝てるか？　朝日新聞出版

新井邦二郎（編）　1997　図でわかる発達心理学　福村出版

Baltes, P. B.　1987　Theoretical propositions of life-span developmental psychology: On the dynamics between growth and decline. *Developmental Psychology*, 23(5), 611-626.

Gesell, A., & Thompson, H.　1929　Learning and growth in identical infant twins. *Genetic Psychology Monographs*, 6, 1-123.

Havighurst, R. J.　1953　*Human development and education.* Longmans, Green.　ハヴィガースト（著）　荘司雅子（監訳）（1995）．人間の発達課題と教育　玉川大学出版部

Havighurst, R. J.　1972　Developmental tasks and education. David McKay.　ハヴィガースト（著）　児玉憲典・飯塚裕子（訳）　1997　ハヴィガーストの発達課題と教育——生涯発達と人間形成——　川島書店

樋口隆弘　2021　子どもの発達検査の取り方・活かし方　誠信書房

本郷一夫　2008　子どもの理解と支援のための発達アセスメント　有斐閣

Jensen, A. R.　1969　How much can we boost IQ and scholastic achievement? *Harvard Educational Review*, 39(1), 1-123.

Lorenz, K.　1965　Über tierisches und menschliches Verhalten. Piper ローレンツ（著）　丘直通・日高敏隆（訳）　2005　動物行動学 1・2　再装版　新思索社

Pascalis, O., de Haan, M., & Nelson, C. A.　2002　Is face processing species-specific during the first year of life? *Science*, 296, 1321-1323.

Watson, J. B.　1925　*Behaviorism.* Norton. ワトソン（著）　安田一郎（訳）　1980　行動主義の心理学　河出書房新社

〈読者のための読書案内〉

ハヴィガースト（著）　児玉憲典・飯塚裕子（訳）『ハヴィガーストの発達課題と教育——生涯発達と人間形成』川島書店、1997 年：ハヴィガーストの発達課題や教育に求められることがらについて詳細に書かれています。現在とは社会的背景は異なりますが、発達課題についての理解を助けてくれる 1 冊です。

安藤寿康『教育は遺伝に勝てるか？』朝日新聞出版、2023 年：発達における遺伝と環境の影響について、行動遺伝学の立場から書かれた 1 冊です。データやエピソードも多く含まれており、子どもの発達を支える立場を目指すみなさんにはその関わり方を考えるきっかけになるでしょう。

本郷一夫『子どもの理解と支援のための発達アセスメント』有斐閣、2008 年：発達アセスメントについて、その考え方から実際の活用方法まで書かれています。事例も含まれているので、さまざまなアプローチを想像しながら理解することができます。

現場教師からのメッセージ2： 発達と環境の相互作用を見つめて

　検索サイトに「発達」と打ち込むと、真っ先に「発達障害」というワードが出てきます。発達障害に関する社会的関心が高まっていることの表れといえるでしょう。

　発達障害といえば、2022年に文部科学省が行った調査によると、「全国の公立小中学校の通常学級に通う児童生徒の8.8%に発達障害の可能性がある」といわれています。2012年に行われた前回調査では6.5%だったことを考えれば、わずか10年間で大きく上昇したことになります。

　この調査のポイントは、ランダムに抽出された児童生徒に対して、学習障害、注意欠如・多動症、高機能自閉症に関する質問が当てはまるかどうかを「担任教師が回答している」という点です。医師による発達障害の診断は行われていないのです。つまり、「発達障害の子どもの割合が増えた」という客観的事実ではなく、「『担任するクラスに発達障害の子どもが増えた』と感じている教師の割合が増えた」ということを示しているといえます。通常学級を1人で切り盛りする担任教師の悲痛な叫び、教師のSOSととらえることができるかもしれません。これ以上学級担任を追い詰めないためには、担任が1人で抱え込むことなく、組織で対応できるような体制を整えていくことが急務の課題であるといえるでしょう。

　発達は、遺伝だけでなく「環境」の影響も大きく受けることがわかっています。教師側が「あの子はおそらく発達障害だろう」と思っている子どものなかには、実は発達障害ではない、あるいは発達障害だとしても環境要因の影響を強く受けて著しく困難を示している可能性もあるということです。

　環境要因の影響力の大きさを考えれば、特別な配慮が必要な子どもだけでなくすべての子どもにとって居心地のよい環境づくりを目指す必要があることは明白です。いわゆる、合理的配慮の土台となる「基礎的環境整備」です。たとえば、各学級においては、黒板のまわりに掲示物を貼ることを極力避けるなど、刺激を調整する工夫を行うことが求められます。また、その日の時間割を拡大したり、活動ごとに大きなタイマーを使用したりすることで視覚的な見通しをもたせる工夫を行うことも望まれます。その上で、教師である自分自身も環境要因の一部であることを真摯に受け止め、「自分の立ちふるまいや指示の出し方はどうか」、「子どもたちとの向きあい方はどうか」と、自分自身を見つめる必要があるのではないでしょうか。発達への理解を深め、子どもを取り巻く環境に目を向けることが、これからの教師にますます求められるといえます。

（一色　翼）

発達の理論

第1節　ピアジェの認知発達段階説

（1）認知発達の原理

　20世紀の発達心理学の父と称される**ジャン・ピアジェ**（Piaget, J.）は、若い頃にビネーとシモンによる知能に関する研究に参加したことを契機に、子どもの認知発達の研究を開始しました。ピアジェの研究は、主に臨床法と観察法を用いて進められました。**臨床法**とは、質問への回答に対して「なぜそう思うのか？」など、その回答に至るまでの思考プロセスの説明を求める調査方法です。ピアジェは、言葉による表現力が未発達でも子どもなりに産出する説明のなかにこそ、おとなとは異なる子ども独自の認知的特徴が現れると考えていました。

　ピアジェにとって認知の発達とは、より高次の構造に**シェマ**が変化することです。シェマとは私たちが物や外界を認識するための認知の枠組みです。その変化は外的な環境との相互作用によって引き起こされる認知的に混乱した状態を解消すべく生起する**同化**と**調節**によって進行します。同化とは、知覚した物や出来事を既存のシェマに取り込む作用であり、調節とは物や外界にあわせて既存のシェマを作り変える作用です。そして、同化と調節を経て外的な環境とシェマのあいだに以前よりも良いあらたな均衡状態が作り出されることを**均衡化**と呼びます。

（2）認知の発達過程

　もともと生物学者だったピアジェは、生物の個体発生と同様に、認知の発達も斉一的かつ段階的に進むと考えました。同化と調節をくり返してシェマが発達すると、複数の表象（頭に思い浮かべたもの）を操作（思考）することが可能になります。可能な操作の質の違いに注目し、ピアジェは認知の発達について次

の4つの段階を仮定しました。すなわち、**感覚運動期、前操作期、具体的操作期**、そして**形式的操作期**です。

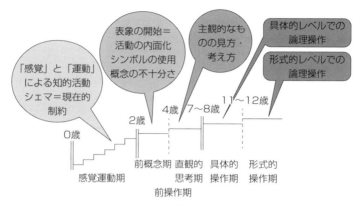

図 3-1　ピアジェの考えた認知の発達段階（佐藤，2019）

　感覚運動期は操作ができるよりも前の段階であり、表象を形成するための材料が感覚器官を通して収集される段階です。当初は環境に対して生得的な非随意運動（原始反射）による受動的な反応が多いですが、徐々に環境に対して能動的に関わって情報を収集するようになります。1歳前後になると対象の永続性を理解し始めて表象が作られ、延滞模倣も観察されるようになります。

　第2段階の前操作期では表象を操作することが可能になり、ごっこ遊びや見立て遊びが活発になります。しかしながら、まだ論理的な操作は不十分であり、アニミズム（無生物にも生命、感情や思考があるとみなす心性）、実念論（自分自身が心に思い浮かべた事や物は、すべて実在するとみなす心性）、人工論（世のなかに存在する物は、すべて誰かによって作られたとみなす心性）といった、いわゆる子どもらしい思考が観察されます。また、3つ山課題やサリー・アン課題に正解できないなど、自己中心性に思考が支配されていることも前操作期の特徴です。

　ほぼ小学生の年齢である具体的操作期に至って、子どもたちは自己中心性を脱します。さらに、多くの者が種々の保存課題にも正解できるようになってい

き、表象を論理的に操作することが可能になります。最後に、形式的操作期に入るとようやく、論理的かつ抽象的な操作が可能になります。現実にはありえなかったり、抽象度が高かったりする問いにも正解できるようになります。

（3）教育への実践的示唆

小学校の算数科で出題される割り算について3年生から6年生の問題を比較してみましょう。問題が具体的操作期レベルから形式的操作期レベルに変化していくことがわかります。認知発達には個人差があるので、具体的操作期を脱したばかりの子どもは勉強に不適応を示すかもしれません。そのような場合には、具体的操作期のレベルに説明を噛み砕いて教員が子どもの取り組みをサポートするとよいでしょう。

ピアジェは子どもを「みずから学ぶ力のある科学者」であると評しました。子どもたちが元来有する学ぶ意欲を損なわないよう、教員には一人ひとりの認知の発達的特徴に合わせた個別最適な学びの提供が求められます。

第2節　コールバーグの道徳の認知発達理論

（1）道徳的認知の発達原理

道徳的認知発達に関する最初の研究は、ピアジェによって行われました。ピアジェは道徳的認知発達過程についてマーブルゲームなどを用いて研究し、ルールの存在を認識していない段階（自己中心的段階）から他律的道徳性の段階（拘束の道徳）を経て、自律的道徳性の段階（共同の道徳）へと発達すると考えました。さらに、子どもたちは自律的道徳性の段階に至ってはじめて、結果論的な善悪判断ではなく動機論的な善悪判断ができるようになることもピアジェによって発見されました。

ローレンス・コールバーグ（Kohlberg, L.）は、このようなピアジェの研究に感銘を受け、道徳的認知の発達過程に関する研究を開始しました。コールバーグは道徳的判断について内容（何を答えたか）と形式（判断の枠組み）を分けて考

え、後者についてその発達過程の解明に取り組みました。形式の発達は、外界との相互作用のなかで引き起こされる認知的に不均衡な状態が同化によって均衡化されることで進行しますが、それは認知能力と役割取得能力の発達に支えられます。すなわち、コールバーグの考えた道徳的認知の発達とは、世のなかで出会うさまざまな道徳的規範について、以前よりも多様な視点から考えられるようになり、さらにそれぞれの視点から見てバランスのとれた道徳的判断ができるようになることです。

（2）道徳的認知の発達過程

道徳的認知の発達過程を明らかにするために、コールバーグはシカゴに住む72名の少年に対して臨床法による調査を実施しました。具体的には、**ハインツのジレンマ課題**という仮想的な道徳的葛藤場面を呈示し、当該場面における意思決定のプロセスを調べました。

表3-1　ハインツのジレンマ課題（長谷川, 2014より）

課題の内容
ハインツの奥さんが病気で死にそうです。医者は、「ある薬を飲む他に助かる道はない」と言いました。その薬は、最近ある研究所で発見されたもので、製造するのに5万円かかり、それを50万円で売っています。ハインツは、手元にお金がないので、お金を借りてまわりました。しかし、半分の25万円しか集まりませんでした。ハインツは、研究所の所長さんに訳を話し、薬を安くしてくれないか、後払いにしてくれないかと頼みました。しかし、頼みはきいてもらえませんでした。ハインツは、困り果て、ある夜、研究所に押し入り薬を盗みました。

質問
ハインツは盗むべきでしたか？／なぜですか？／もし、ハインツが奥さんを愛していなかったらどうですか？／もし死にそうなのが人ではなくあなたのペットの場合はどうですか？／法律は、いつも守らなければなりませんか？／その理由は？／等

反応の例（ただし、盗んではいけないとした場合のみをあげる）
第1段階「薬を盗むのは、泥棒をすることで悪いこと」
第2段階「ハインツは、自分の価値観に従うべきだ」
第3段階「世間の人々は、そのようなことを望んでいないと思う」
第4段階「社会が成り立っていくためには、法律は守らなければならない。もし、簡単に法を破ることを認めてしまえば、社会はばらばらになる」
第5段階「法律を破ってよいのは、人間としての基本的な人権がおかされるときである。この場合、そのようには考えられない」

このようなデータに基づき、コールバーグは3水準6段階から構成される道徳的認知の発達過程を見出しました。道徳的判断の形式は3つのレベル（水準）に大別されます。すなわち、低いものから順に、自分にとっての損得に基づいて行われるレベル（**前慣習的水準**）から始まり、自分が所属する社会で受け入れられている価値観に基づいて行われるレベル（**慣習的水準**）を経て、公徳心・遵法精神に基づいて行われるレベル（**脱慣習的水準**）です。全体的にみて、レベルが上がるにつれて、基準となる社会の範囲が大きくなり、多様な視点から判断できるようになっていくことがわかります。

表3-2　コールバーグによる道徳的判断の発達段階（片桐・藤本・川口, 2022より作成）

	正しいこと	正しいことを行う理由
第1水準：前慣習的水準		
第1段階 　　罰と服従への志向	罰によって裏づけられた規則を破らないようにすること、人間や財産に対して損害を加えない。	罰を回避するために、権威者のもつ権力が強いので、正しいことを行う。
第2段階 　　道具的・功利的相対主義への志向	自分の利害や欲求と一致する行為、公平なこと、平等な取引、合意が正しい。	自分自身の欲求や利害関心を満たすために正しいことを行う。
第2水準：慣習的水準		
第3段階 　　対人的同調への志向 　　（よい子志向）	身近な人たちから一般的に期待されていることに従って行動することが正しい、善良であることが重要なこと。	善良な人間でありたい、規則や権威を維持することが望ましいという理由から正しいことを行う。
第4段階 　　法と秩序の維持への志向	合意されてきた現実の義務を遂行することが正しい。社会や集団、制度に貢献することが正しい。	一つの全体として運営されている制度を維持するために、また自分の責務を実行すべきという良心のために正しいことを行う。
第3水準：脱慣習的水準・原理的水準		
第5段階 　　社会契約的遵法への志向	規則は社会契約であり、守られるべきである。生命や自由といった価値や権利はいかなる社会においても守られるべきである。	全体の幸福のため、すべての人々の権利を擁護するために法を遵守する。
第6段階 　　普遍的な倫理的原則への志向	みずからが選択した倫理的原理に従うことが正しい、公正という普遍的原理に従って行為するのが正しい。	合理的人間として普遍的な道徳原理の妥当性を認めているために、正しいことを行う。

（3）教育への実践的示唆

コールバーグの理論を参考にすると、授業（とくに道徳）においてどのような工夫が考えられるでしょうか。まず、子どもの道徳的判断の形式に不均衡を引き起こす必要があります。そのためには目の前の子どもたちの既存の判断の形式をおおよそ把握する必要があります。その上で、既存の判断の形式に不均衡を引き起こすテーマや教材を選んだり、あるいは発問を工夫したりしましょう。そして、当該テーマについて授業内で結論を出させるのではなく、想像力を豊かにさまざまなレベルの視点からバランスよく思考できるように促し、内容よりも多様な形式から考えられたことを評価するとよいでしょう。

第3節　エリクソンの心理社会的発達理論

（1）自我の発達原理

アンナ・フロイトに才能を見出されて精神分析学に出会った**エリク・エリクソン**（Erikson, E. H.）は、フロイトの心理性的発達理論を大きく発展させる形で独自の発達理論を構築しました。すなわち、リビドーの発達による発達的危機を心理社会的な課題としてとらえ直し、そのような個人の心理的・社会的・性的な危機に対して、生涯を通して個人が社会とのかかわりのなかでどのように克服して健全な自我を形成しうるかを理論化しました（佐方, 2004）。

各発達段階には、その時期のあいだを通して私たちの自我の安定を激しく揺さぶる固有の発達課題があります。固有の発達課題によって自我の安定が揺さぶられることを**心理社会的危機**と呼びます。この危機では2つの極のいずれかに傾くように揺さぶられますが、その時期を通して両極への揺さぶりをバランスよく経験することで、その段階に相応しい**人格的活力**を獲得することができ、以前よりも健全な自我が形成されます。

（2）自我の発達過程

自我の発達は漸成的に進みます。したがって、ある発達段階にあって、それ

よりも前の発達段階における心理社会的危機が乗り越えられていない場合には、現段階および以降の段階の心理社会的危機への対処も難しくなります。このような意味で、乳児期における心理社会的危機は重要であり、この段階で希望という人格的活力を獲得できなければ、人生のすべての発達段階において心理社会的危機を乗り越えることが困難になります。このような影響力の大きさから、乳児期に希望を獲得できなかった心の状態は**基底欠損**とも呼ばれます。

表 3-3　心理・社会・性的発達の諸領域（佐方，2004 より一部を改変して掲載）

段階		心理社会的危機	重要な対人関係	人格的活力	中心病理	心理性的段階
Ⅰ	乳児期	基本的信頼 対 基本的不信	母親的人間	希望	ひきこもり	口唇―呼吸器的 感覚―運動的
Ⅱ	早期幼児期	自律性 対 恥、疑惑	両親的人間	意志	強迫	肛門―尿道的 筋肉的
Ⅲ	遊戯期	自主性 対 罪悪感	基本となる家族	目的感	禁圧	幼児的―性器的 移動的
Ⅳ	学童期	勤勉性 対 劣等感	近隣・学校内の人間	有能感	無気力	潜伏期
Ⅴ	青年期	アイデンティティ 対 アイデンティティ拡散	仲間集団とよそ者集団 リーダーシップのモデル	忠誠心	拒否	思春期
Ⅵ	若い成人期	親密性 対 孤立	友情、性愛、競争、協力の相手	愛情	排他性	性器期
Ⅶ	成人期	世代性 対 停滞	労働の分担と家事の共有	世話（はぐくみ）	拒絶	（生殖期）
Ⅷ	老年期	統合性 対 絶望	人類 私と同じ人間	知恵	侮蔑	（官能様式の一般化）

（3）教育への実践的示唆

　児童期はどうしても自他の比較に基づく優劣にこだわることが多くなる時期です。鑪（1990）によれば、有能感という人格的活力は「私には私なりにやっていける力がある」という感覚であり、競争心に根ざした優越感で育まれるものではありません。したがって、定期的に自分自身の成長を実感させるための機会の設定が必要でしょう。

　中学生と高校生においては、進路選択などアイデンティティの形成という発

達課題が突きつけられる時期です。この時期は、それまでの発達段階で未解決だった問題が形を変えて噴出する時期でもあります。中学生・高校生とはいえ、日頃からしっかりと教員が様子を観察して、必要な時に必要な心のサポートを生徒に提供できるよう組織的な準備が求められます。

第4節　ヴィゴツキーの社会文化的発達理論

（1）認知発達の原理

　ピアジェの理論と対峙させる形でよく取り上げられるのがヴィゴツキーの理論です。末期のロシア帝国に生まれた**レフ・ヴィゴツキー**（Vygotsky, L. S.）は、マルクス主義の考え方を人間の発達過程の説明に応用し、人間の高次精神機能（思考など）は**心理的道具**（言葉などの記号）を介して社会から与えられると主張しました。

　ヴィゴツキーによれば、私たちは生まれながらにして高次精神機能を有していません。高次精神機能は身近なおとな等との社会的相互作用（精神間過程）のなかに存在しており、そこで社会文化的な産物である心理的道具を介して徐々に私たちの精神内過程に**内面化**されていきます。この代表的な現象が幼い子どもたちの独り言であり、ここに**外言**（社会的相互作用の道具としての言葉）が**内言**（自分の思考の道具としての言葉）に転換される過程が反映されているとヴィゴツキーは考えました。なお、外言と内言の発達順序についてピアジェの見解はこれとは逆であり、内言がある程度発達してから外言が出現すると考えました。

（2）発達の最近接領域

　望ましい教育について、ヴィゴツキーは子どもの**発達の最近接領域**（ZPD: The zone of proximal development）を活性化させることであると考えました。発達の最近接領域とは、子どもがなんら援助を得ずに自力で課題解決が可能な現実の発達水準と、仲間や熟達者（おとな・年長者）による支援や協同のもとで課題解決が可能な発達水準との距離です（ルブツォフ，1997）。子どもたちが仲間や

熟達者による援助を受けたり、仲間や熟達者と協同したりして課題に取り組むうちに現実の発達水準の領域が拡大し、それと同時にまた新しい発達の最近接領域が創出されます。

　ZPDにおける現在の発達水準を拡大するために、子どもたちに自力では少しだけ難しいレベルの課題に取り組ませます。ここで大切なことは、子どもの発達における熟達者（おとな・年長者など）による介在的役割です。先述した通り、高次精神機能は課題のなかにあるのではなく精神間過程にあるので、熟達者との社会的相互作用が必要不可欠です。子どもたちにとって教員がなぜ必要か、またどうあるべきかが示唆されます。

（3）教育への実践的示唆

　近年、学校では対話的で協同的な学びが積極的に実践されています。ヴィゴツキーの理論からその意義が確認されますが、それと同時に学習の際の子どもたちのグループ分けの重要性にも気づかされます。単に学力が均一になるようにグループ分けするのではなく、個々の子どもに対して拡大させたいZPDの領域（論理的思考、表現力、発想など）、およびどの子どもがどの領域でどの子どもにとって熟達者になりうるかを考慮するとよいでしょう。

　教員の姿勢についても示唆があります。ヴィゴツキーによれば、発達に必要なのは仲間や熟達者との協同行為です。教員が子どもたちの前に立って「教える」姿勢よりも、子どもたちの横に立って課題の解決に向けて「協同する」姿勢の方が、ヴィゴツキーの考え方に合致するように思われます。

（目久田　純一）

〈引用・参考文献〉

長谷川真里　2014　発達心理学——心の謎を探る旅——　北樹出版　p.121

片岡正敏・藤本愉・川口めぐみ（編）　2002　保育の心理学——育ってほしい10の姿——　萌文書林　p.79

Kincheloe,J.L.,&Horn,R.A.(Eds)　2007　*The Praeger Handbook of Education and*

Psychology: Volume1. Praeger.
ルブツォフ,V.V.　1997　ヴィゴツキーの文化・歴史的接近とロシアにおける教育の発展の傾向　教育心理学年報, 36, 30-37.
佐方哲彦　2004　病理的なアイデンティティの形成メカニズム　谷冬彦・宮下一博（編）さまよえる青少年の心――アイデンティティの病理　発達臨床心理学的考察――　北大路書房　pp.11-24
鑪幹八郎　1990　アイデンティティの心理学　講談社
佐藤公治（編）　2019　発達と育ちの心理学　萌文書林　p.17

〈読者のための読書案内〉

明和政子『ヒトの発達の謎を解く――胎児期から人類の未来まで』筑摩書房、2019 年：発達心理学が扱ってきたさまざまなテーマについて、脳科学の観点から検討されています。研究の手続きや結果もわかりやすく解説されており、読みやすい1冊です。

滝沢武久『ピアジェ理論からみた思考の発達と心の教育』幼年教育出版、2011 年：ピアジェの理論とその意義がわかりやすく解説されています。実践例が多分に紹介されていることから、具体的にイメージしながら読み進められる1冊です。

現場教師からのメッセージ3： 発達段階と温かな学級づくり

　幼稚園や保育所では、友だちが使っている物を取ってしまうトラブルが起こりがちです。こういったトラブルには、ピアジェ理論の前操作期における「自己中心性」が関係しているといわれます。「友だちの物を取ってしまう子＝親のしつけがなっていない悪い子」と決めつけるのではなく、「発達段階を登っている途中である」という視点をもちたいものです。「自分が使っている物を取られちゃったら、どんな気持ちになるかな」などと声をかけることで、他者の視点に気づくことができるように丁寧に対応していく必要があるでしょう。
　具体的操作期段階に入る小学生にもなれば、このようなトラブルが徐々に落ち着いてきます。とくに、中学年では「脱中心化」を果たして他者の視点をもつことができる子どもが多数派となり、相手の気持ちを思いやった言動が多く見られるようになります。しかしその分、「自己中心性」が色濃く残り、未だに友だちの物を取ってしまう子どもの存在が目立つようにもなります。「わがままで自分勝手な子」として、まわりから厳しい視線が向けられることも少なくありません。発達差の大きい時期の子どもたちを担任する立場としては、指導の難しさを感じるところでしょう。教師には、トラブル一つひとつに丁寧に対応していくとともに、学級全体の風土にも目を向け、多様な子どもたちが自分らしく安心して生活していくためにはどうすればよいか、子どもたちとともに考えながら、温かな学級づくりを進めていくことが求められます。
　学習指導においても、教師がピアジェ理論を意識しているかどうかでその実践内容が変わってきます。小学校低・中学年に算数の授業を行う場合、おはじきなどの具体物を操作しながら理解を深めさせることが効果的です。具体的な物事や概念を題材として取り上げた学習から、より高度で抽象度の高い題材を取り上げた学習段階へと移行する小学校高学年や中学校の時期は、具体的操作期から形式的操作期への移行と重なっており、学習のつまずきが起こりやすいといわれています。具体物に縛られることなく、仮説的・抽象的な状況においても論理的思考を行うことが可能だろうと考え、口頭での説明にとどめるなど授業の進め方を効率化・簡素化する教師が増える傾向があることもその一因と考えられます。発達の共通性のみならず個別性もふまえて、子どもたちの実態に応じて指導することが重要です。

（一色　翼）

乳幼児期の発達

第1節　乳幼児期とは

　乳幼児期とは、生まれてから小学校入学前までの時期を指します。この時期は、人生のなかでもっとも目覚ましい発達をする時期といっても過言ではありません。たとえば、この約6年のあいだに、身長は約2倍、体重は約6倍に成長します。身体、運動、認知等の発達の特徴から、誕生から生後1年半くらいまでの子どもを**乳児**、生後1年半から小学校入学前までの子どもを**幼児**と呼びます。とくに、生後1ヵ月間の乳児は**新生児**と呼ばれます。

　通常、ウマやサルのような高等な脳をもった哺乳類は、生後すぐに立ち上がり、自分で生命維持に必要な行動をすることができます。ところが、ヒトの赤ちゃん（乳児）は、立ったり歩いたり話したりするようになるまでに約1年かかります。それまでのあいだは、養育者が栄養を与え積極的に世話をしなければ、生きていくことができません。生物学者ポルトマン（Portmann, A.）は、ほかの高等な哺乳類とのこのような違いから、人間は本来必要な妊娠期間を約1年間短縮して未熟な状態で生まれてくるのだと考え、その性質を**生理的早産**と呼びました。未熟に生まれるということは、生まれた後、外界からの刺激を受けながらさまざまな学習が可能であるという発達上の利点でもあります。乳幼児が環境から受ける影響は非常に大きく重要です。

第2節　運動の発達

（1）原始反射

　乳児期初期に特徴的にみられる運動が**原始反射**です。原始反射は、特定の外的刺激によって、本人の意思とは関係なく生じる不随意運動です。乳児の口の

なかに乳首や指を入れると吸い始める「吸啜反射」、手のひらを刺激するとぎゅっと握る「把握反射」、乳児を直立させて足が床の面にふれるようにすると歩くような動作をする「足踏み反射」などがあります。原始反射は、中枢神経系の発達に伴い、生後5ヵ月頃までにみられなくなります。脳からの指令を必要とせず生じる原始反射は、脳が未熟で、みずからの認知や判断によって行動の指令ができないこの時期に、生きていくために必要な反応として備わっているのではないかと考えられています。

(2)随意運動

　原始反射がみられなくなると、みずからの意思によって目的的に生じる**随意運動**の発達がみられるようになります。身体の大きな筋肉を使った**粗大運動**の発達は「頭から足への方向」に向かって進みます。首がすわるのは4〜5ヵ月、寝返りは6〜7ヵ月、ひとりすわり（腰がすわる）とハイハイは9〜10ヵ月、つかまり立ちは11〜12ヵ月、ひとり歩きは1歳3〜4ヵ月には、90％以上の子どもができるようになります（厚生労働省，2010）。ただし、乳児期の運動発達は個人差が大きく、早い子と遅い子では約6ヵ月程度の開きがあります。幼児期は、筋力が発達し、多様な運動が可能になる時期です。2歳頃には走り始め、3歳で走る動きが完成します。また、3歳では、片足跳びなどの跳躍運動も可能になります。4〜5歳では平衡感覚（平均台渡り、自転車乗り）、柔軟性（前転）、協応性（ボールのキャッチやキック）が発達します。

　手や指先といった小さな筋肉を使う**微細運動**の発達は「中心から末端への方向」に進みます。最初に肩の動きが自由になり、腕を大きく動かします。次にひじの運動のコントロールが可能になり、最後に手の運動が可能になります。6ヵ月頃はまだ親指がうまく使えないため、手のひら全体を使って熊手のようにつかみ取ろうとしますが、1歳になる頃までには、親指と人差し指で上手につまみ上げることができるようになります（大藪，2013）。4〜5歳にかけて手指の巧緻性が発達し、箸やハサミの使用、ボール投げが可能になります。

　幼児期は運動コントロール能力、すなわち、知覚を手掛かりとして運動を自

分の思うように制御する力が大きく発達する時期です。この発達を促すためには、何か特定の運動をくり返し練習するのではなく、園庭の遊具、縄跳び、ボール等を使った遊びや、おにごっこ、かけっこなど、運動遊びといわれるような多種多様な運動を経験することが重要です（杉原，2014）。

第3節　言語と思考の発達

（1）前言語的コミュニケーション

　乳児はおとなと同じ言葉を話したり理解したりすることはできませんが、彼らなりの方法でコミュニケーションをとろうとしています（前言語的コミュニケーション）。新生児の目の前でおとなが舌を出したり口の開閉をして見せたりすると、新生児はその表情を模倣します。これを**新生児模倣**もしくは**共鳴動作**と呼びます。乳児がウトウトしている時には、誰に反応し誰に向けるわけでもなく、にっこりと微笑む様子がみられます。これを**自発的微笑**といいます。新生児模倣と自発的微笑は原始反射であり、乳児が意図的に行っているわけではありませんが、おとなは思わず心を惹きつけられます。

　3ヵ月頃からは、他者からの働きかけに対して笑うようになります（**社会的微笑**）。話しかける声の調子に合わせて、手足をバタバタさせたり声を出したりといった**同調行動**（**エントレインメント**）もみられるようになります。コミュニケーションは、どちらか一方からの働きかけのみでは成立しません。おとなからの働きかけに対し、乳児なりに表情や動作で反応を返すことによって、相互の意思や感情のやりとりが成立しているのです。

（2）言語の発達

　新生児期には泣き声だけですが、2ヵ月を過ぎると喉の奥をクークーと鳴らすようになり、4～6ヵ月頃には「アーアー」「ウーウー」といった母音をくり返す音や、金切り声、うなり声、唇を震わせる音など、さまざまな音を出せるようになります。6～8ヵ月頃になると、「バ、バ、バ」「マ、マ、マ」と

いった子音と母音を組み合わせた音を出し始めます。これを**喃語**と呼び、多様な音が発声できるようになるなかで、言葉が話せるようになっていきます。

おとなは乳児に対して、抑揚のある高い声でゆっくりと話しかけます。乳児は世界共通でこのような話し方を好むことがわかっています。また、おとなと乳幼児がやりとりをする際、犬のことを「ワンワン」、猫のことを「ニャンニャン」といったオノマトペ（擬音語・擬態語）的な表現を多用します。生後16ヵ月児では、成人語と比べてこのオノマトペ的な表現の方を選択的に学習しやすいということがわかっています（小林・奥村・服部，2015）。子どもが幼い時期に特徴的に使われる話し方や言葉を**育児語**もしくは**幼児語**といいます。

最初は子どもとおとなの直接的なやりとりだったのが、生後9ヵ月くらいになると、子どもは、他者が注意を向けている（見ている）対象に気づき、自分の注意を向けることが可能になります。少し後には、子どもが自分の見ている対象に指差しをして、他者の注意を向けさせるようにもなります。このように、二者（たとえば、おとなと子ども）が同じ対象に注意を向けることを**共同注意**といい、二者と対象の関係を**三項関係**といいます（図4-1）。共同注意ができるようになり、三項関係が成立することは言葉の獲得に大きな意味をもちます。たとえば、親が犬に視線を向けて「ワンワンがいたよ」と言った時、子どもは、目の前にある複数の物のなかから親の視線が向けられているものが「ワンワン」と呼ばれることを理解するのです。

図4-1　三項関係の概略図
※矢印は注意の向きを示す。

1歳前後にははじめての意味ある言葉、すなわち**初語**を発します。初語の発現から半年以上は、「マンマ」という一語が「ご飯を食べたい」や「ご飯があったよ」のように場面によって異なる文章の役割を果たします。これを**一語文**と言います。その後、生後20ヵ月を過ぎる頃には「マンマ、チョーダイ」「マンマ、アッタ」などの**二語文**が出るようになり、2歳を過ぎる頃には三語文以上の多語文が生じ、4歳頃までには日常生活に困らないくらいの会話ができるようになるのが一般的です。

（3）思考の発達

　言葉の発達とともに思考も発達します。1歳頃には、空のコップに口をつけ飲み物を飲んでみせるふり遊び、1歳半頃には、積み木を電車のように走らせる見立て遊びがみられるようになります。これは、ある物（指示対象：たとえば電車）を別の物（シンボル：たとえば積み木）に置き換えて示す能力、すなわち**象徴機能**が備わったためです。言葉も、「赤くて丸くて甘酸っぱいシャリシャリとした歯触りの果物」という指示対象を「リンゴ」というシンボルで置き換えているので、象徴機能が関係しています。

　幼児期になると、遊んでいる時にしばしば独り言がみられます。ピアジェ（Piaget, J.）はこの独り言が自己中心性ゆえに現れると考え、**自己中心的言語**と呼びました。その後、ヴィゴツキー（Vygotsky, L. S.）は、コミュニケーションの道具として他者に向けて発する言葉を**外言**、思考する際に声に出さずに頭のなかで使う言葉を**内言**と呼び、自己中心的言語は、まだ内言が獲得されない幼児期において思考のプロセスを言葉として発しているのだと説明しました。

　ピアジェは、発達段階が上がることによって、その領域・内容に関係なく、全般的に同じように認知の発達が進むと考えました（第3章参照）。このような考え方を**発達の領域一般性**と呼びます。これに対して、認知の発達の進み方は内容・領域によって異なるという考え方を**発達の領域固有性**と呼びます。たとえば、ヒトが生きていくために重要な領域については、子どもたちは早いうちから領域固有の知識をもっています。5ヵ月児であっても物体が壁を通り抜ける動画を見せられると、「そんなはずはない」とでもいうように、通り抜けない動画よりも凝視します（Baillargeon, Spelke, & Wasserman, 1985）。幼児期になると、生物と非生物で中身が異なることについて理解ができます。たとえば、「ブタ、ブタの貯金箱、ウシ」の3組の絵を見せると「ブタとウシ」は同じ中身をもち、「ブタとブタの貯金箱」は見かけが似ていると答えることができます（Gelman & Wellman, 1991）。このように、日常の経験を通して個々の知識が関連づけられ獲得された体系的な知識を**素朴理論**と呼びます。ヒトの心理に関する素朴理論を、とくに**心の理論**といいます。これについては、次節でふれます。

第4節 社会性の発達

(1)親子関係

ローレンツ（Lorenz, K.）は、水鳥のヒナが生まれて数時間のあいだに見た動く個体を親として認識し、後追いすることを発見し、**インプリンティング**（刻印づけ・刷り込み）と呼びました。ハーロー（Harlow, H. F.）は、生後間もないアカゲザルの子どもを母親から引き離すと、ミルクを飲める針金製の人形ではなく、タオルで巻かれた人形にくっついて長い時間を過ごすことを報告しました。このように多くの動物の赤ちゃんにとって、おとなと一緒に過ごすことは生きていくために必要なことであると考えられます。

ポルトマンが生理的早産と呼んだように、ヒトの赤ちゃんはきわめて未熟な状態で生まれるため、おとなから守られ世話をされないと生きていくことができません。第3節で紹介した前言語的コミュニケーションも、おとなとの結びつきを深めるために言葉の話せない乳児に生まれつき備わった能力であると考えることができるでしょう。ボウルビィ（Bowlby, J.）は、乳児が、特定の他者すなわち主な養育者とのあいだに築く情緒的な絆のことを**アタッチメント**（愛着）と呼びました。アタッチメントが形成されることにより、乳児は、恐怖や不安を感じた時、養育者にくっつくことで安心した気持ちになり、安全であるという感覚を得ます。この経験をくり返すことで、養育者を安全基地とみなし、養育者が見ていてくれれば、積極的に外の世界の探索に出かけることができるようになります。

エインズワース（Ainsworth, M. D. S.）は、「ストレンジ・シチュエーション法」という実験的観察により、アタッチメントの個人差を測定しました。この方法では、実験室という乳児にとって新奇な場面において、乳児を養育者から分離させたり見知らぬ人（ストレンジャー）に対面させたりした時に、養育者が安全基地として機能しているか、乳児は養育者と再会した時に、接近を求め（例：抱きつく）、その接近を維持する傾向がみられるか等を観察します。アタッチメントの個人差は表4-1の4種類に分類されます。

表4-1　ストレンジ・シチュエーション法における各アタッチメントタイプの行動特徴
(数井・遠藤, 2005 を参考に作成)

	養育者との分離場面の様子	養育者との再会場面の様子	養育者を安全基地とした探索行動
Aタイプ（回避型）	泣いたり混乱を示したりすることがほとんどない。	養育者から目をそらしたり、避けようとしたりする。	あまり見られない。養育者とはかかわりなく行動することが多い。
Bタイプ（安定型）	多少の泣きや混乱を示す。ストレンジャーからの慰めを受け入れる。	積極的に身体接触を求め、容易に落ち着く。	養育者を活動拠点としながら積極的に探索行動をする。
Cタイプ（アンビバレント型）	激しく泣くなど非常に強い不安や混乱を示す。	養育者に身体接触を求める一方で、怒りながら激しく叩いたりする。	養育者に執拗にくっついていようとするなど安心して探索行動をすることがあまりない。
Dタイプ（無秩序・無方向型）	行動の一貫性がみられず、何をしたいのかよくわからない行動をとる。たとえば、顔を背けながら養育者に近づこうとする、養育者にしがみついたかと思うとすぐに床に倒れこむ、など。突然固まって動かなくなってしまうようなこともある。		

　Bタイプ（安定型）は場面に応じた適度なアタッチメント行動を表出するタイプであるのに対し、Aタイプ（回避型）は養育者に対するアタッチメント行動を抑え込もうとするタイプ、Cタイプ（アンビバレント型）はアタッチメント行動を最大限に表出しようとするタイプです。Dタイプ（無秩序・無方向型）はそのような一貫性がみられず、観察している者に何をしたいのかよくわからないという印象を与えます。乳児期に安定したアタッチメントを形成することができた子どもは、幼児期以降に良好な仲間関係を形成できることが報告されています。

　これらの個人差には、養育者の日頃のかかわり、とくに子どもの欲求やシグナルに対する感受性が関係すると考えられています。ただし、それだけではなく、子ども自身のもつ生まれつきの行動特徴（気質）なども影響するという考えもあります。また、子どもとアタッチメントを形成できるのは、母親や父親だけではありません。祖父母や保育者、教師等も子どもにとって安全・安心の基地となることができれば、その人たちとのあいだにもアタッチメントを形成

することが可能です。

(2)仲間関係

子どもの社会性の発達に影響を与えるのは親子関係だけではありません。仲間関係も重要な役割を担っています。年齢の近い仲間関係においては、互いに相手の気持ちを理解し、ルールを守り、助けたり協力したりしながら関わることが求められます。

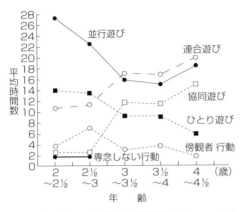

図 4-2　保育所における遊びの発達的変化 (Parten, 1932)
＊平均時間数は1日1分間の観察を各児で60日（回）行ったものの平均である。

パーテン（Parten, M. B.）は、保育園の子どもたちの室内遊びを観察して、仲間とのかかわりの観点から、遊びを6種類に分類しました（図4-2）。幼児期のはじめには、並行遊び（まわりにいる子と同じ遊びをしているが、一緒に遊ぼうとしない）やひとり遊びが多いが、3歳半頃から連合遊びや協同遊びといった仲間とかかわりのある遊びが多くなることがわかります。

仲間と遊ぶためには、他者の心のなかを推測する能力が必要になります。自分と他者の心の働き（感情、知識、欲求、信念など）が異なることを理解し、他者が置かれた状況に合わせて他者の心の状態を推測する能力を**心の理論**（Theory of Mind: ToM）と呼びます。子どもの心の理論の獲得について調べる有名な課題の1つに**誤信念課題**（サリーとアンの課題）があります。

【サリーとアンの課題】
①サリーはカゴを持っています。アンは箱を持っています。2人は同じ部屋で遊んでいます。
②サリーは、ビー玉を自分のカゴに入れて部屋を出ていきました。
③アンは、サリーがいない間に、ビー玉をカゴから自分の箱のなかに移しました。
④サリーが部屋に戻ってきました。
　「サリーはビー玉で遊ぼうとして、最初にどこを探すでしょう？」

このような状況をイラストや人形を使って子どもに示し、問題を出します。

答えは「カゴのなか」ですが、4歳未満の子どもの多くは、まだ心の理論が獲得されておらず、自分と他者の信念を区別できないため、「箱のなか」と答えてしまいます。

　仲間とのかかわりには、心の理論の獲得以外にも、共感性や道徳性、場面・状況に応じて自分の行動をコントロールする自己制御能力など、さまざまな社会的能力が必要となります。それらは、子ども同士の葛藤やいざこざも含めた豊かな仲間関係を通してこそ発達するものであるともいえます。

（大内　晶子）

〈引用・参考文献〉

Baillargeon, R., Spelke, E. S., & Wasserman, S.　1985　Object permanence in five-month-old infants.　*Cognition*, 20, 191-208.

Gelman, S. A., & Wellman, H. M.　1991　Insides and essences: Early understandings of the non-obvious.　*Cognition*, 38, 213-244.

小林哲生・奥村優子・服部正嗣　2015　幼児における育児語と成人語の学習しやすさの違いを探る　NTT 技術ジャーナル，27, 26-29.

数井みゆき・遠藤利彦（編著）2005　アタッチメント――生涯にわたる絆――　ミネルヴァ書房

厚生労働省　2010　乳幼児身体発育調査

大藪泰　2013　赤ちゃんの心理学　日本評論社

Parten, M.B.　1932　Social participation among pre-school children.　*Journal of Abnormal and Social Psychology*, 27, 243-269.

杉原隆　2014　幼児期の運動発達の特徴　杉原隆・河邉貴子（編）　幼児期における運動発達と運動遊びの指導――遊びのなかで子どもは育つ――　ミネルヴァ書房　pp.12-30.

田中越郎　2019　イラストでまなぶ人体のしくみとはたらき　第3版　医学書院

〈読者のための読書案内〉

櫻井茂男・大内晶子（編）『たのしく学べる乳幼児のこころと発達』福村出版、2021年：乳幼児心理学の比較的新しい研究にもふれつつ、基礎・基本も丁寧に説明しています。より詳しく学びたい方にお勧めします。

池谷裕二『脳研究者　育つ娘の脳に驚く』扶桑社、2022年：著者の長女の0～4歳までの

成長エピソードについて、脳科学・心理学の研究に基づいて説明されており、楽しく読み進めることができます。

森口佑介『おさなごころを科学する──進化する乳幼児観』新曜社、2014 年：心理学において乳幼児の研究がどのように進められてきたのか、過去から現在までの研究がわかりやすくまとめられています。

現場教師からのメッセージ4： 心の安全基地を築く支援

　落ち着きがなく動き回る子、机のまわりの物の片づけができない子、集団のルールを守れない子、忘れ物が多い子。クラスにはいろいろな子どもがいます。一人ひとりの困り感に寄り添い丁寧に支援してあげたいと思いつつも、1人で30名以上の子どもたちを担当しているためなかなかうまくいかないと悩んでいる先生も多いはずです。

　「もしかしたら、発達障害があるのかもしれない」と考え、発達障害について勉強し、支援のあり方を考える熱心な先生もいることでしょう。しかし、発達障害の子どもととらえて支援してみても、うまくいかないことがあります。たとえば子どもが不適切な行動をした場合、その行動を強化せずに消去させていくために、あえて「反応しない」、「取り上げない」という対応を試みることがありますが、このような対応をとると子どもの感情を逆なでしてしまい、さらに不適切な行動が増えることがあるのです。ほかにも、「片づける」という行動を細分化し、スモールステップで支援するという方法をとってはみたものの、あまり効果がみられないという場合もあります。

　発達障害ととらえた上での支援がうまくいかない場合、アタッチメント障害（愛着障害）である可能性があります。アタッチメント障害とは、主たる養育者とのあいだで適切な愛着関係が形成されなかったことによる障害の総称で、いわば「心の安全基地がない子ども」に共通してみられる行動特性を指す言葉です。その行動特徴が発達障害と実によく似ているため、両者は混同されがちです。しかし、発達障害は先天的な脳機能障害であり生まれつきの特性である一方で、アタッチメント障害は後天的な関係性の障害であるため、求められる支援は異なります。

　先ほどの例でいえば、「反応しない」、「取り上げない」という発達障害に向けた対応は、感情の問題が起因となっているアタッチメント障害の子どもからすれば「なんでわかってくれないんだ」、「もっとこっちを見てほしい」という感情を誘発することになり、さらに不適切な行動を引き起こしかねません。スモールステップが効果をあげる発達障害とは異なり、「片づけた方がすっきりする」という感情自体が育っていないアタッチメント障害の場合には、行動ではなく感情面に焦点を当てた支援が必要となるといわれています。

（一色　翼）

児童期の発達

第1節　児童期とは

　児童期とは6歳から12歳までの小学生の時期を指します。就学によって幼児期の遊びを中心とした生活から教科学習が中心の規則正しい集団生活が始まります。保育所・幼稚園という慣れ親しんだ環境から大きな環境移行を経験し、仲間や教師とともに集団規律を守りながら学校生活に適応していくことが求められます。これは幼い子どもにとってチャレンジングな課題ですが、周囲の助けを借りながらこの課題を乗り越えていくことになります。

　環境移行への適応以外にも児童期には達成すべき発達課題があります。そのひとつがエリクソン（Erikson, E. H.）が唱えた「**勤勉性**」という発達課題です。ここでいう勤勉とは、不断の努力と根気強い忍耐力で仕事を完成させる喜びを身につけることです（Erikson, 1959）。学校生活を通して子どもは社会で求められるさまざまな知識や技能を身につけていくことになりますが、その過程で勉強をやり遂げ、仲間とつきあう技術も学びます。時間をかけてこつこつと取り組み、物事を成し遂げる経験を通して、努力をすればできるという喜びや頑張ればできそうだという有能感を獲得することが重要となります。勤勉性の獲得が困難な場合、「**劣等感**」という負の特質が優勢になってしまいます。勤勉性は学業を通してのみ獲得されるものではなく、遊びや運動、習い事、お手伝いといった家庭での役割を担っていくことを通じても獲得されます。勉強に劣等感を抱く子どもに対しては、学習支援はもちろんのこと、その子どもができるほかの面にも注目して認めていくことが大切です。

第2節　児童期の認知発達

　児童期は教科学習に取り組みながら認知機能が向上していく時期です。ここではピアジェ（Piaget, J.）の発達理論をもとに児童期の認知発達の特徴について紹介します。ピアジェは子どもがどのように認知を発達させていくかを論じ、認知の発達段階を提唱しました。この理論によれば児童期は**前操作期**（2～7歳頃）、**具体的操作期**（7～11歳頃）、**形式的操作期**（11歳以降）に該当します（第3・6章も参照）。

（1）具体的操作期の特徴：論理的思考のはじまり

　就学して間もない頃は前操作期にあたる子どもも多くいますが、7歳頃から具体的操作期に至り、論理的思考が可能になってきます。そのため、幼児期には困難であった保存課題や三つ山課題に正答できるようになります。

　保存課題とは数量や重さといった性質がみかけ上変化したとしても不変であり続けることを理解しているか問う課題です。図5-1のように、2つの容器の液体が同じ量であることを確認した上で、片方のみ細長い容器に移し替えます。どちらの量が多いか、それとも同じか子どもに尋ねると、前操作期の子どもは液面の高さが変化したことに惑わされてしまい、細長い容器の方が多いと答えます。一方、具体的操作期になると「元に戻せば同じである」（可逆性）、「液面が高くなった分、コップの幅は小さくなっている」（相補性）、「液体を加えたり取り去っていない」（同一性）といった論理関係を理解できるため、見かけに左右されずに思考することができるのです。

　三つ山課題とは図5-2のような模型の周囲を観察した後、A地点に子どもを座らせ、C地点に人形を置き、人形からはどのような風景が見えているか尋ね写真を選ばせます。すると前操作期の子

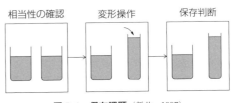

図5-1　保存課題 (新井, 1997)

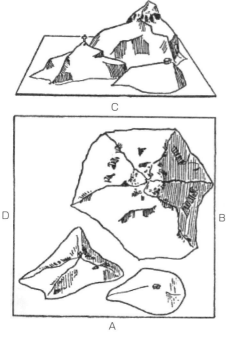

図5-2 三つ山課題（新井，1997）

どもは自分自身が見ているA地点の写真を選んでしまい、自分の視点と他者の視点を区別することができません。このような認知的特徴は**自己中心性**と呼ばれています。小学校中学年以降になると自分の視点と他者の視点について同時に考慮し、関連づけることが可能になるため、正答できるようになります。このように幼児期の自己中心性を脱し、多様な視点について認識できるようになることを**脱中心化**といいます。

以上のように児童期は論理的な思考が始まる時期といえますが、思考の対象が具体的な事象に限られるという限界もあります。頭のなかだけで言葉やイメージといった表象を用いて思考することはまだ難しいため、具体物を用いた教授が有効です。低学年で算数セットや自分の手指を用いて計算するのは理に適っているといえます。

(2) 形式的操作期の特徴：仮定に基づく思考のはじまり

ピアジェによれば、おとなと同じように具体物に縛られることなく思考することができるのは形式的操作期に入った11歳以降とされています。形式的操作期では仮説的・抽象的な状況においても論理的思考が可能となり、可能性のあるすべての組みあわせを推測したり、比例に関する推理を行ったりすることができるようになります。ピアジェは化学薬品の混合問題や天秤問題を用いてこのような思考について検討しています。前者は無色透明の4つの液体を用い

て、どのような組みあわせの時に色が変化するかを問います。具体的操作期の子どもは組みあわせの一部しか考えることができず、場当たり的に試すことしかできません。しかし形式的操作期に入った子どもはすべての組みあわせを系統的に調べることができます。また、後者の天秤問題においても、天秤が釣りあうように重さや支点からの距離を変化させ、重さと距離が反比例の関係にあることに気づくことができます。

（3）移行期の個人差と学習への援助

ピアジェによる認知発達の特徴について概観しましたが、これらの発達段階の移行には個人差があります。「**9歳の壁**（10歳の壁）」という言葉が示すように、小学校3、4年生頃は学力の個人差が大きくなる時期です。算数では割り算や分数、国語では言葉を別の言葉を用いて説明するなど、頭のなかで具体的に考えにくい抽象的な学習内容が増えてきます。加えてこの時期は具体的操作期から形式的操作期へと移行していく転換期にあたることから、学習につまずくケースが目立つのでしょう。

低学年の子どもや学習につまずきがみられる子どもにとって教科書や板書による文字情報や写真だけでは、頭のなかでイメージしたり、その情報を変形させたりといった操作をすることが難しいかもしれません。そこでDVD等の映像教材で補ったり、子ども自身が手や身体を動かして体験的に理解できるような教材を用いたり、教師が実演して見せるといった工夫することで、このようなつまずきを解消、軽減しやすくなると思われます。

第3節　児童期の自己の発達

認知の発達に伴い、子ども自身の自己のとらえ方にも変化がみられるようになります。本節では児童期の子どもがどのように自分自身をとらえ、評価しているのか**自己概念**と**自己評価**の発達に関する知見を紹介します。

(1)児童期の自己概念の発達

　ディモンとハート（Damon & Hart, 1988）は幼児期から思春期頃までの子どもを対象に「あなたはどんな人ですか」と自己定義を問うインタビューを行い、自己概念の発達レベルを4つの段階に整理しました。児童期前期は「**カテゴリー的自己規定**」の段階であり、「青い目をしている」「野球をする」など観察可能で、具体的・外面的側面から自己を認識していました。児童期の中期〜後期には「**比較による評価**」という段階に入り、「人より頭が悪い」「ほかの子より絵が上手」といった他者との比較から自己をとらえるようになることを見出しています。その後、青年期前期から後期にかけて「対人的な意味づけ」から「体系的な信念・計画」の段階へ至り、より深く内面的な自己のとらえ方へと変化していきます。

　日本でも5歳児と小学校2年生、4年生の児童を対象に同様の研究が行われています。幼児では身体的・外的属性について言及する子どもが多かったのに対し、小学生では行動や人格特性について言及する子どもが多くみられました（佐久間・遠藤・無藤, 2000）。人格特性に注目してみると、5歳児は「いい子」「ふつうの子」といった全般的な評価から自己を描写しており、勤勉性や外向性に関する言及は1件もみられませんでした。小学生になると「明るい」「面白い」といった外向性、「真面目」などの勤勉性、「やさしい」など協調性に関する描写が多くみられるようになり、年齢とともに表現のバリエーションが豊かになっていました。このように幼児期から児童期にかけて子どもの自己概念はより複雑に、多様化していることがわかります。

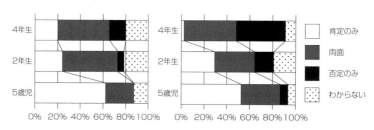

図5-3　学年ごとの否定・肯定の反応割合（佐久間ら, 2000より著者作成）

第5章　児童期の発達

(2) 自己評価の発達

　佐久間ら（2000）の研究では自分の好き・嫌いなところ、いい・悪いところについて尋ね、子どもの自己評価の発達についても検討しています。図5-3の通り、5歳児は肯定的側面のみに言及する子どもの割合が高かったのに対し、小学生では肯定・否定の両面について答える子どもが多くみられました。また、小学生の自己描写では「わがまま」「不真面目」などネガティブな人格特性語が登場しています。どうやら幼児は自己を非現実的なほどに肯定的に評価しており、現実の自己とかくありたい理想自己を混同しているようです。一方、児童期になると年齢とともに自身の否定的側面にも目を向けるようになってきます。

　このような自身をネガティブにとらえる傾向はほかの研究でも支持されており、小学校3年生から中学生にかけて自己価値の得点が低下していく傾向がみられます（桜井, 1983）。以上のように、児童期は発達とともに自己評価、自尊心が低下する傾向にあるようです。

(3) 自己概念・自己評価の変化はなぜ生じるのか

　なぜ児童期では徐々に自己評価が低下してしまうのでしょうか。第一に、子どもを取り巻く学校環境の影響が考えられます。学校教育のなかで子どもはテストの点数やかけっこでの勝ち負けなどさまざまな形で評価されます。親や教師から成績や能力を比較され、級友との違い、とくに自己の否定的な面に否応なく目が向くことになります。

　第二に、子ども自身の内的な発達が影響していると考えられます。幼児は認知的能力に限界があり、多様な視点から物事を思考することが困難です。対する児童期は具体的操作期に入り複数の視点を考慮することが可能となるため、「逆上がりができるようになって嬉しいけれど、できるようになるまで人より時間がかかった」というように1つの物事のなかに正負、良し悪しなど対立する要素を認識することが可能となります。さらに、児童期後半になると自己意識が高まり、自分自身を知るために積極的に**社会的比較**を行うようになります。

社会的比較とは自分と似た他者を比較することをいいます。認知の発達により比較に必要な2つの概念を同時に関連づけることが可能となるため、「友人に比べて成績は悪いが、走るのが速い」といったように友人、級友と比べることで、自分の能力についてより客観的で正確な自己評価を下すことが可能になります。それは往々にして自分の劣った側面にも気づくことになるのです。

　このように自己概念、自己評価のとらえ方が否定的な方向に変化するのは子どもが自己を客観視できるほどに発達した証拠ともいえます。しかしながら、自己の否定的側面ばかりに過度に注目してしまうと、劣等感や無気力に苛まれることになり、勤勉性という発達課題に取り組むにあたってマイナスの影響をもたらすかもしれません。子どもたちが健全に自己を発達させることができるよう教師としてのかかわりについて考える必要があるでしょう。

第4節　児童期の社会性の発達

　自己概念の発達において仲間が果たす役割は大きいものでしたが、仲間関係は自己概念以外にも子どもの発達や適応に大きな影響を及ぼします。本節では児童期に形成する仲間集団の特徴と仲間関係がもたらす影響について考えます。

（1）仲間集団の形成

　児童期になると親や教師といったタテの関係から、仲間同士のヨコの関係の重要さが徐々に増してきます。とくに、小学校中学年頃から形成されるインフォーマルな仲間集団のことを**ギャング・グループ**といい、この時期は**ギャング・エイジ**と呼ばれます。ギャング・グループとは3～8名程度の同性同年齢の仲良しグループのことで、リーダーやボス的な存在のもとで一緒に行動したり遊んだりすることで結束を強めます。休み時間や放課後に運動遊びやゲームをしたり探検したりと行動をともにするなかで、遊びのルールや役割などを決め、仲間と協力してかかわる能力や規範意識などを学んでいきます。対人関係を築き、円滑に営むための人づきあいの技術のことを**社会的スキル**といいます

が、あいさつをする、会話をするといった基本的なスキルから、対人葛藤場面で自他の感情を処理したり、葛藤を解決したりする、といった高度なものまで含まれます。時に仲間とけんかをしたり競争をしたりといった葛藤を経験しながら、子どもは社会的スキルを磨いていくのです。

(2) 道徳性の発達

　社会的スキルだけでなく、子どもは仲間集団のなかで相手を思いやり、何が良いことで悪いことなのかという善悪の判断も学びます。ピアジェはおとなから与えられたルールを絶対視する他律的な道徳性から、相手の意図や思いなどを汲みとりながら仲間と調整して公平なルールに変更していくという自律的な道徳性へと発達していくことを示しています。

　ピアジェの影響を受けたコールバーグ（Kohlberg, L.）は病気の妻のためにやむなく薬を盗むという道徳的ジレンマ物語を提示し、どのような理由づけを行うかによって子どもの**道徳性**の発達段階を提唱しました（第3章参照）。日本における調査では小学校5年生では第3段階のよい子志向（対人的な総合関係同調）の回答が多く占め、前習慣的水準を脱し、善悪の判断において他者から認められることを重視するようになることが示されています。一部には第4段階に至る子どももおり、社会の一員として秩序を守るという観点から道徳的判断をする子どもが15％程度いました（山岸, 1976）。このように善悪の判断といった道徳性も児童期において顕著な発達がみられます。

(3) 仲間関係のもたらす負の影響

　以上のように仲間関係は子どものさまざまな発達に影響を与えるとともに、適応を支えるものでもあります。仲間集団に所属することで仲間から受容されているという感覚が得られ、自分自身を肯定的に見ることができるため、仲間の存在は自尊心の維持にとっても重要です。

　一方で、仲間関係は時に負の影響をもたらすこともあります。ギャング・グループでは仲間と同じ行動をとることで一体感を得ますが、同じ行動や遊びに

合わせるべきであるという同調圧力が生じることもままみられます。このような仲間からの圧力を**ピア・プレッシャー**といい、この圧力が社会的に承認されない方向に働いた場合、いたずらや授業中にふざけるなど親や教師に対する反抗的な行動として現れることがあります。授業がつまらないといって遊び始めた仲間に、その遊びが「おもしろい」と褒め、同調することで、望ましくない行動が強化されてしまうことがあります。深刻なケースでは飲酒や喫煙などの反社会的行動が促進されるおそれもあります。

　同様に、学校内での**いじめ**や攻撃行動への影響が懸念されます。ギャング・グループでは仲間だけに通じるルールをつくったりしてほかの人を寄せつけないような閉鎖性がみられます。この閉鎖性、排他性の高さから、仲間入りしたい集団外部の級友を排除したり、同じ行動をとらない仲間への無視、仲間はずれといった行動に同調したりしてしまう可能性があります。児童期は道徳性が発達する一方で、悪いことだとわかっていても仲間への受容を優先させていじめに加担してしまうことがあるのです。いじめの予防・介入には道徳性、共感性の向上を目指すアプローチもありますが、それに加えて仲間集団に対するアプローチも重要になると思われます。

（梅津　直子）

〈引用・参考文献〉

新井邦二郎（編）　1997　図でわかる発達心理学　福村出版

Damon W., & Hart, D.　1988　*Self-understanding in childhood and adolescence*　Cambridge University Press.

Erikson, E. H.　1959　*Psychological issues: identity and the life cycle*　International Universities Press.

佐久間（保崎）路子・遠藤利彦・無藤隆　2000　幼児期・児童期における自己理解の発達——内容的側面と評価的側面に着目して——　発達心理学研究，11(3)，176-187.

桜井茂男　1983　認知されたコンピテンス測定尺度（日本語版）の作成　教育心理学研究，31(3)，245-249.

山岸明子　1976　道徳判断の発達　教育心理学研究，24(2)，97-106.

〈読者のための読書案内〉

櫻井茂男・濱口佳和・向井隆代『こどものこころ——児童心理学入門［新版］』有斐閣、2014年：身体・運動発達から感情、社会性など幅広い領域にわたり児童期の発達を概観するのに適した入門書です。子どもの心理的援助についてもふれられています。

伊藤亜矢子（編）『エピソードでつかむ児童心理学（シリーズ生涯発達心理学　3）』ミネルヴァ書房、2011年：エピソードで児童期のイメージを膨らませながら読める入門書です。教師との人間関係や学習のつまずきへの支援など教員を目指す学生にとって参考になるトピックも取り上げられています。

渡辺弥生『子どもの「10歳の壁」とは何か？——乗りこえるための発達心理学』光文社、2011年：9歳、10歳の子どもに焦点をあて、10歳の壁という現象の背景にある発達について紹介しています。社会性や道徳性を育てる支援の実践例からは子どもとのかかわりのヒントが得られるでしょう。

現場教師からのメッセージ5： 遅刻に隠された成長の兆し

　休み時間が終わっているのに、外遊びに夢中になってなかなか戻ってこない子どもたち。授業開始のチャイムが鳴っているのに、悪びれる様子もなく、談笑しながら教室に入ってきました。
　このようなことが起きると、教師は自分の指導力が不足しているのではないかと思いがちです。何とかしなければならない、事態を収拾しなければならないと気負ってしまうこともあります。その一例が、授業を中断して「なぜ時刻を守らないのか」、「なぜルールを守らないのか」と、感情的に指導してしまうケースです。命や人権に関わるようなトラブルが起きた際には、授業を中断してでも毅然とした対応をとる必要があります。しかしこのケースでは、授業の中断は、時刻をきちんと守っているほかの子どもたちの学習の機会を奪う対応ととらえることもできます。
　冒頭の状況については、「仲間関係が成長しているからこそ、起きたこと」ととらえることはできないでしょうか。ギャング・グループやチャム・グループなどの児童期の仲間関係の発達の観点からいえば、仲間関係が深まりと広がりを見せているからこそ起きた可能性が高いわけです。このように考えることで、教師として見える景色が変わってきます。子どもたちへの対応も変わってきます。
　たとえば、遅刻したことにはまったくふれずに授業を進めます。一度だけでは、あえて取り上げるほどのことなのか判断がつきかねるのと、何よりほかの子どもたちの学習機会を確保したいと考えるからです。ですが、次の日も続くようなら、何もしないというわけにはいきません。その場は何も言わずに授業を進め、休み時間になったら子どもたちを別室に呼びます。「昨日も今日も、休み時間の後の授業に間に合っていなかったよね。何かあったのではないかと心配しているんだけれど、どうかした？」と聞きます。子どもたちには子どもたちなりの理由があるはずなので、途中で口をはさむことなく存分に耳を傾けます。
　十分に話を聞くことができたと思ったら、チャイムが聞こえなくなるくらいみんなで遊ぶことが楽しいと思えるような仲間関係を築いていることを担任としてうれしく思っていると伝えつつ、「でもさ、このままでいいと思う？」と切り返します。悪いことをしていると自覚している子どももいるはずなので、その部分に訴えかけるのです。そして、休み時間を楽しみながらも授業に遅れることのないような改善策を、子どもたち自身で考えさせます。子どもたち自身で、という点が重要です。

（一色　翼）

青年期の発達

第1節　青年期とは

　青年期（adolescence）とは、子どもからおとなへの移行の時期を指し、おおよそ12歳から22、23歳頃までをいいます。一般的には、その開始は身体的・生理的変化の始まりを、終わりは人格的成熟を想定していますが、その基準は時代や社会、研究者によって異なっています。ここでは、青年期に関する代表的な理論を紹介します（表6-1）。

表6-1　青年期に関する代表的な理論

研究者	概要
ホール (Hall, G. S.)	「青年心理学の父」と呼ばれる。青年期を「矛盾と気分の動揺に満ちた時代」とし「疾風怒濤（storm and stress）」の時期ととらえた。心理学的反復説を唱え、個人の発達は生物の進化の反復であると考え、苦悩や反抗は通過すべき必然的なものであるとした。
シュプランガー (Spranger, E.)	青年期を「第二の誕生」と呼び、その特徴として「自我の発見」「生活設計の成立」「個々の生活領域への侵入」をあげた。
エリクソン (Ericson, E. H.)	青年期にはアイデンティティ（自我同一性）の形成が課題となるとし、青年は「自分とは何者か」といった問を模索する時期であるとした。

第2節　青年期の発達的特徴

（1）身体と性の発達的特徴

　青年期には身体的な発達が急速に進みます。身長・体重の年間発育量は、0～2歳頃の急速な伸び（第1発育急進期）の後、やや穏やかになります。そして、10歳前後に再度急速な伸びがみられます（**第2発育急進期：思春期スパート**）。第2発育急進期は女子では12歳頃、男子では14歳頃にピークを迎えますが、発達

の個人差が大きいことも特徴です。

　次に**二次性徴**についてみてみましょう。出生時の生殖器の特徴を一次性徴と呼ぶのに対し、二次性徴は身体全体に及ぶ特徴です。男子では、精巣の肥大や陰茎の腫大、発毛（陰毛・腋毛・ひげ）、変声、筋肉の増大等がみられます。女子では、乳輪の隆起や乳房の腫大、外陰部や卵巣の発育、発毛（陰毛）、骨盤の拡大、初経等がみられます。

　身体的変化の発現のタイミングには大きな個人差があります。同世代の仲間と自分とを比較し「自分の身体がほかの人と違う」と感じることが適応に影響を及ぼすこともあります。とくに女子では、早熟であることが内的な混乱を引き起こす可能性があります（小橋，2020）。

　変化していく身体を自身のものとして受け入れていくことは、青年期の課題の１つです。自身の身体に対する見方・とらえ方を**ボディ・イメージ**といいますが、このボディ・イメージは客観的な身体と一致しているとは限りません。ボディ・イメージが過度に歪んでいたり、理想の身体と現実の身体とのあいだのギャップに悩んだりすることも少なくありません。

（２）認知と思考の発達的特徴

　青年期の認知的発達の大きな特徴は、抽象的思考が可能になることです。これにより、青年期の思考には表6-2のような特徴が現れます。

　ピアジェ（Piajet, J.）は、人間の認知発達の段階を「感覚運動期」「前操作期」「具体的操作期」「形式的操作期」の４つに分けて考えました。青年期は、このうちの形式的操作期にあてはまります。形式的操作期は11、12歳頃に始まると考えられ、この時期に抽象的で論理的な思考が可能になります。そして、①仮説演繹的思考（事実と矛盾するような仮説であっても、その仮説から論理的に推論して結論を導く）、②組み合わせ思考（事象の可能な組み合わせを系列的に列挙し、いくつかの変数の値を統制してある変数の効果を調べる）、③命題的思考（現実の対象を扱わずに、真偽の判定ができる言語や式を使って推論する）、といったことができるようになります（白井，2015）。

表 6-2　青年期の思考の特徴 （森岡，1981、白井，2015 より作成）

思考の意識化 （メタ認知）	自分の認知の特徴やその過程の状態を理解するとともに、目的に応じて自身の認知行動を制御する。
思考の自己中心性と脱中心化	自身の関心内容と他者の思考が向かう対象とが未分化な状態（自己中心性）。「自分はまわりの関心をいつもひきつけている」と考えたり、自分の経験が他のすべての人にも共通であると考えたりする。思考の自己中心性は青年期前期に見られるが、徐々にそれを脱していく（脱中心化）。
弁証法的思考の形成	物事を絶対的にではなく相対的に見る。

表 6-3　ヴィゴツキーによる概念形成の段階 （柴田，2006 に基づき作成）

第1段階	幼児の行動にみられるように、十分な内的関係なしに統合された「非組織的な未整理の集合」の形成、あるいは印象に基づいていくつかの事物を結びつける「混合心性的な結合」の形成。
第2段階	具体的事物のあいだに実際に存在する、客観的な結合に基づいて結びつけられた事物の複合による「複合的思考」（thinking in complexes）の形成。
第3段階	真の概念形成。この段階への移行は思春期（14歳〜18歳）になってはじめて行われる。

　ヴィゴツキー（Vygotsky, L. S.）は、概念形成を3つの段階に分けて考えました（表6-3）。このうち青年期は第3段階にあたり、個々の要素のあいだの抽象的・論理結合を基礎とした真の概念が形成されます。

（3）感情の発達的特徴
　感情の側面における青年期の特徴の1つに、**劣等感**の高まりがあげられます。この背景には、二次性徴に伴う身体の変化への拒否や葛藤などのほか、認知的発達に伴って自己に対する批判的見方や他者との比較が可能になることがあります。
　髙坂（2008）によれば、中学生は知的能力を重視しているため学業成績の悪さに劣等感を感じる一方、高校生は対人魅力を重視しているため身体的魅力のなさに劣等感を感じます。大学生では自己承認を重視するために友だちづくりの下手さに劣等感を感じますが、人間的成熟を重視するようになると劣等感をあまり感じなくなります。

第3節　自己とアイデンティティ

(1) 自己意識の高まりと自己概念の形成

　意識の対象としての自己の存在に目覚めることを**自己意識**といいます。青年期にはこの自己意識が高まり、自分の考えや感情といった自己の内面に注意が向かう（私的自己意識）とともに、他者から見た自分に対しても意識が高まります（公的自己意識）。自己意識の高まりとともに、青年は「自分がどんな人間であるか」という**自己概念**を形成していきます。

(2) アイデンティティの形成

　青年期には**アイデンティティ**が形成されます。アイデンティティとは**エリクソン**（Erikson）が提唱した概念で、「自我同一性」と呼ばれることもあります。

表6-4　アイデンティティの感覚の4側面とそれを測定する尺度項目　（谷, 2001）

自己斉一性・連続性：自分が自分であるという一貫性・自己の普遍性を持っており、時間的連続性を持っているという感覚
・過去において自分をなくしてしまったように感じる。（＊）
・いつの間にか自分が自分でなくなってしまったような気がする。（＊）
・今のままでは次第に自分を失っていってしまうような気がする。（＊）
対自的同一性：自分自身が目指すべきもの、望んでいるものなどが明確に意識されている感覚
・自分が望んでいることがはっきりしている。
・自分がどうなりたいのかはっきりしている。
・自分のするべきことがはっきりしている。
対他的同一性：他者からみられているであろう自分自身が、本来の自分自身と一致しているという感覚
・自分のまわりの人々は、本当に私をわかっていないと思う。（＊）
・自分は周囲の人々によく理解されていると感じる。
・人に見られている自分と本当の自分は一致しないと感じる。（＊）
心理社会的同一性：現実の社会の中で自分自身を意味づけられるという、自分と社会との適応的な結びつきの感覚
・現実の社会の中で、自分らしい生き方ができると思う。
・現実の社会の中で、自分らしい生活が送れる自信がある。
・現実の社会の中で自分の可能性を十分に実現できると思う。

項目は一部抜粋している。また、（＊）は逆転項目を示す。

谷（2001）は、アイデンティティの感覚（「自分は自分である」という感覚）を4つの側面からとらえ、これを測定する尺度を開発しています（表6-4）。

エリクソンは**漸成発達理論**を提唱し、自我発達を8つの段階に分けて考えました（図6-1）。各発達段階には、中心的な葛藤となる社会的危機があります。

Ⅷ 老年期								統合性 対 嫌悪、絶望
Ⅶ 成年期							世代性（生殖性）対 自己陶酔	
Ⅵ 前成年期					連帯 対 社会的孤立	親密 対 孤立		
Ⅴ 青年期	時間的展望 対 時間的拡散	自己確信 対 アイデンティティ意識	役割実験 対 否定的アイデンティティ	達成への期待 対 労働麻痺	アイデンティティ 対 アイデンティティ拡散	性的アイデンティティ 対 両性的拡散	指導性の分極化 対 権威の拡散	イデオロギーの分極化 対 理想の拡散
Ⅳ 学童期				勤勉性 対 劣等感	労働同一化 対 アイデンティティ喪失			
Ⅲ 遊戯期			自主性 対 罪悪感		遊戯同一化 対 空想アイデンティティ			
Ⅱ 幼児期初期		自律性 対 恥、疑惑			両極性 対 自閉			
Ⅰ 乳児期	基本的信頼 対 基本的不信				一極性 対 早熟な自己分化			

図6-1　エリクソンの漸成発達理論（小橋，2020）

青年期の危機は「アイデンティティの達成　対　アイデンティティの拡散」です。この時期、アイデンティティはなんらかの統合をしていかなければならず、これに失敗すると「自分が何者なのかわからない」というアイデンティティの拡散となります。アイデンティティの拡散の危機を経験しつつ、それを解決することで、次の段階の危機のよりスムーズな解決へとつながっていきます。こ

表6-5　マーシャのアイデンティティ・ステイタス（三好，2017a）

ステイタス	危機／探索	積極的関与 （コミットメント）	ステイタスの特徴
達成・統合志向 (Achievement)	経験済み	積極的	危機をすでに経験し、ある一定の職業やイデオロギーを自分の意志で選択し、それに積極的に関与している。自ら選択した物事をやり遂げることができ、予期せぬ事態に対しても対処することができる。安定した対人関係を維持し、それに対しても積極的に関与している。
モラトリアム (Moratorium)	現在、経験中	あいまい／積極的にコミットしようとしている	現在がまさに危機であり、主体的に選択しようと模索している。積極的関与の程度はあいまいで焦点化されていないが、積極的関与ができないのではなく、主体的に選択するにあたり、他の方向にも同時に積極的関与している状態だといえる。
フォークロージャー (Foreclosure)	未経験	積極的	危機を経験していないにもかかわらず特定の職業やイデオロギーに積極的に関与している。すべての体験が幼児期以来、親から譲り受けてきた価値や信念の上に成り立っており、ある種の硬さ（融通のきかなさ）が特徴的である。積極的関与と見せかけの自信のために、一見、達成・統合志向型に見えるが、両親の価値観の通用しない状況下では途方にくれたり、混乱をきたしたりする。
拡散（Diffusion）	未経験	なし	これまでに危機を経験しておらず、特定の職業やイデオロギーに積極的に関与していない。今まで自分が本当に何者かであった経験がないため、何者かである自分を想像することが困難である。子ども任せで一切関与しないような両親の放任的な育児態度と関連がある。
拡散（Diffusion）	経験済み	なし	これまでに危機を経験し、その結果、積極的に関与しないことに積極的に関与している状態であり、特定の職業やイデオロギーには積極的に関与していない。すべてのことが可能であり、可能なままであることを選択しているがゆえに、何に対しても積極的関与を欠いている。

のように漸成発達理論においては、ある段階の危機の達成が次の段階の危機の解決のあり方に影響を及ぼすと考えられています。またある段階の構成要素は、その前あるいは後の段階にも存在し、これが顕在化したり問い直されたりしながら発達が進んでいきます。

さて、**マーシャ**（Marcia, J. E.）は、アイデンティティの統合過程の状態を**アイデンティティ・ステイタス**として理論化しています。ここでは、危機の有無（職業選択や政治的信念等のアイデンティティのことがらについて迷ったり探求したりする経験の有無）と現在のコミットメント（選択したものに対して積極的に関与すること。自己投入）によって、4つの型が示されています（表6-5）。

第4節　対人関係と社会とのかかわり

（1）親子関係

青年期の親子関係の特徴の1つが依存と自立の葛藤です。ホリングワース（Hollingworth, 1928）は「家族の監督から離れ、一人の独立した人間になろうとする衝動」を**心理的離乳**と呼びました。青年は、それまでの親の保護や価値観などから脱し、自分の行動や考えをみずからで選択しようとします。一方で、自立には強い不安も伴うため、親から自立したい気持ちと親に依存したい気持ちとのあいだで揺れ動き、情緒的に混乱することも少なくありません。

もう1つの青年期の親子関係の特徴として**第2反抗期**があげられます。青年は、親（おとな）に対して不満や批判・嫌悪感をもったり、自己主張や無視といった行動をとったりします。これは親の権威に従う他律的態度から自律的態度へと向かおうとする自我の成長ととらえることができます（池田，2020）。しかし、その現れ方や強さには親の養育態度を含めたさまざまな要因が影響しており、単純に親子の葛藤や反抗の有無によって青年の発達・適応を理解することはできません。

近年では、親子の情緒的結びつき（愛着）と自立／自律の両方が重要であると考えられています。また、親子間の強い葛藤ではなく適度な葛藤が一般的で

あり、親との関係が青年の発達に肯定的な役割を果たすことや、親との関係は青年期以降も重要であり続けることが指摘されています（池田, 2017）。

（2）友人関係

青年にとって友人は非常に需要な存在です。青年期の友人の意義には、①自分の不安や悩みを打ち明けることによって情緒的な安定感・安心感を得る、②自己を客観的に見つめる、③人間関係が学べる、などがあります（宮下, 1995）。

それでは、青年期において友人とのつきあい方はどのように変化するのでしょうか。落合・佐藤（1996）は、青年期における同性の友人とのつきあい方を「広い（全方向的）−狭い（選択的交友）」×「深い（積極的関与）−浅い（防衛的関与）」の4パターンからとらえ、その発達的変化について明らかにしています（図6-2）。全体的にみると、青年期の友人関係は、浅く広いつきあい方（全方向的で表面的）から深く狭いつきあい方（選択的で内面的）へと変化していきます。

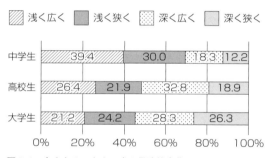

図6-2 友人とのつきあい方の発達的変化（落合・佐藤, 1996）

（3）社会参加（キャリア、進路選択）

スーパー（Super, 1957）は、生涯にわたるキャリア発達を5つの段階に分けていますが、おおよそ青年期はこのうちの「探索」の段階にあたります（表6-6）。青年は、「自分とは何か」と問いながらみずからを社会のなかに位置づけていくのです。

（鈴木　みゆき）

表 6-6　スーパーによるキャリア発達の段階（三好, 2017b）

段階		該当年齢	各時期の概要
成長	空想期	4〜10	欲求が支配的で、空想の中での役割実験が重要。
	興味期	11〜12	「好き」ということが志望や活動の主な要因。
	能力期	13〜14	能力に対する自覚が高まり、志望の要因に占めるそのウエイトが高まる。
探索	暫定期	15〜17	雇用機会も含めてすべてのことが考慮され、暫定的な選択が空想、議論、教育課程、仕事などの中で試みられる。
	移行期	18〜21	実際の労働市場や専門訓練に入る中で、現実面がより大きく考慮されるようになり、自己概念の実現が試みられる。
	試行期	22〜24	自分が適するであろうという分野をつきとめ、その分野の入門的職務を発見し、それをライフワークにすることを試みる。
確立	本格的試行期	25〜30	適すると思っていた仕事の分野に満足感を見出せず、1、2回の転職の後にライフワークを見つけたり、あるいは互いに関連のない仕事の連続の中に自分のライフワークに相当することを見出したりする。
	安定期	31〜44	自分のキャリアがはっきりしてくると、その仕事の世界で安定して地位を確保しようとする努力が行われる。
維持		45〜64	仕事の世界で得られた地位を維持していくことが関心事。新たな分野の開拓は滅多になされず、確立された線に沿った維持が中心となる。
離脱	減速期	65〜70	衰退した能力に合わせて仕事のペースをゆるめたり、職務や仕事の性質が変えられたりする。
	引退期	71〜	仕事を完全にやめる時期。

〈引用・参考文献〉

Hollingworth, L. S.　1928　The psychology of the adolescent. Appleton.

池田和嘉子　2020　青年期の人間関係　髙橋一公（編）青年心理学　現代に活きる心理学ライブラリ：困難を希望に変える心理学　Ⅱ-3　サイエンス社　pp.77-144.

池田幸恭　2017　青年期の親子関係　髙坂康雅・池田幸恭・三好昭子（編著）レクチャー青年心理学——学んでほしい・教えてほしい青年心理学の15のテーマ——　風間書房　pp.79-94.

小橋眞理子　2020　青年期の特徴　髙橋一公（編）青年心理学　現代に活きる心理学ライブラリ：困難を希望に変える心理学　Ⅱ-3　サイエンス社　pp.33-53.

髙坂康雅　2008　自己の重要領域からみた青年期における劣等感の発達的変化　教育心理学研究, 56, 218-229.

宮下一博　1995　青年期の同世代関係　落合良行・楠見孝（編）講座　生涯発達心理学4　自己への問い直し——青年期——　金子書房　pp.155-184.

三好昭子　2017a　アイデンティティの発達　髙坂康雅・池田幸恭・三好昭子（編著）　レクチャー　青年心理学――学んでほしい・教えてほしい青年心理学の15のテーマ――　風間書房　pp.63-78.

三好昭子　2017b　青年のキャリア発達　髙坂康雅・池田幸恭・三好昭子（編著）　レクチャー　青年心理学――学んでほしい・教えてほしい青年心理学の15のテーマ――　風間書房　pp.202-218.

森岡正芳　1981　青年期における自己認知の発達――自己中心性との関連性――　京都大学教育学部紀要, 27, 182-193.

落合良行・佐藤有耕　1996　青年期における友達とのつきあい方の発達的変化　教育心理学研究, 44, 55-65.

小塩真司・岡田涼・茂垣まどか・並川努・脇田貴文　2014　自尊感情平均値に及ぼす年齢と調査年の影響　教育心理学研究, 62, 273-282.

柴田義松　2006　ヴィゴツキー入門　子どもの未来社.

白井利明　2015　青年期の思考の特徴　白井利明（編）　やわらかアカデミズム・〈わかる〉シリーズ　よくわかる青年心理学［第2版］　ミネルヴァ書房　pp.22-23.

Super, D. E.　1957　*The psychology careers: an introduction to vocational development.* Harper & Row.

谷冬彦　2001　青年期における同一性の感覚の構造――多次元自我同一性尺度（MEIS）の作成――　教育心理学研究, 49, 265-273.

　　〈読者のための読書案内〉

白井利明（編）『やわらかアカデミズム・〈わかる〉シリーズ　よくわかる青年心理学［第2版］』ミネルヴァ書房、2015年：基礎的な青年心理学の知識とともに、「学習と学校」「政治と社会」「障害と臨床」などに関わるトピックを、それぞれ見開き1ページで説明しています。

髙坂康雅・池田幸恭・三好昭子（編）『レクチャー　青年心理学――学んでほしい・教えてほしい青年心理学の15のテーマ』風間書房、2017年：青年心理学のテーマを網羅しつつ、関連する尺度やワークシートにより深い理解へといざないます。より詳しく青年心理学について学びたい人におすすめの本です。

現場教師からのメッセージ6： 揺れる青年期の自立と寄り添い

「今、何をすればよいか、自分で考えて行動するように。」

小学校高学年や中学生を担当する教師がよく使う言葉ではないでしょうか。認知能力がおとなに近づくことから、何でもまわりのおとなにしてもらっていたそれまでとは異なり、「将来困ることがないようにしてあげたい」、「自分のことは自分でできるようになってほしい」という期待が高まっているがゆえの言葉、すなわち、教育的愛情により発せられた言葉といえるでしょう。

青年期は「第二の誕生」とも呼ばれます。受け身で誕生した命が、もう1人の内なる自分と出会い、自分の人生の主人公になることを目指し始める主体的な時期です。自分とは何かを問い、自分らしくありたいと切に願い始めるため、常に大きく揺れ動いています。他者からの視線や評価にも敏感になり、不安や焦り、劣等感を感じることも少なくありません。1日のほとんどを過ごす学校で、友だちとの関係がこの世のすべてのように思えてきて、「まわりから浮かないようにしなきゃ」と、息苦しさを我慢して気を張り続けている子どももいます。加えて、体にも変化が起こります。心身ともにおとなへと成長するその速さに、子ども自身が追いついていないということもよくみられます。理想の自分―現実の自分。自立したい自分―まだおとなに甘えたい自分。アンビバレンツの状況です。

このような状況で、冒頭の言葉を立て続けにかけられたらどうでしょう？「自分で考えてわかるようなら、苦労はしない」、「考えつくしていっぱいいっぱいなのに、これ以上まだ考えさせるのか」、そんな子どもたちの悲痛な叫びが聞こえてきそうです。

「今何をすればよいか、自分で考えて行動するように。」この言葉をかけること自体に問題はないと思います。大切なのは、子どもたちが考えて行動した結果がどのようなものであっても頭ごなしに否定しないということです。口も手も出したい衝動に駆られますが、行動の主導権を渡すような働きかけをした以上、そこはグッと我慢すべきです。

また、「考えが整理できない場合には、いつでも相談に乗るよ」という親身な姿勢を保持することも大切です。おとなへと成長する段階に入った子どもは、もはやおとなが一方的に導く存在ではありません。とはいえ、まだまだ未熟な時期ではあるため、子どもの求めに応じる形で、寄り添いながら、一緒に考えるというスタンスが求められます。「自分のつらい気持ちをわかってくれた」、「自分の気持ちを大切にして一緒に考えてくれた」、このような経験を重ねていくと、子どもは自分の人生の主人公となる勇気を得ていくことでしょう。

（一色　翼）

学習の理論

第1節 学習とはなにか

　学習と聞くとどんなことを思い浮かべますか。学校での教科学習のことを思い浮かべる方や、それだけではなくスポーツなどで新しい技術を身につけたり、スムーズにプレイができるようになったりすることを思い浮かべる方もいるかもしれません。心理学において学習とは、後天的に身につけた比較的強固な新しい行動や思考と定義されています（澤, 2021）。つまり、今までしなかった（できなかった）ことが、新しくできるようになる、そしてそれがある程度の期間失われずに発揮可能な状態が続くことといえるでしょう。この学習という現象があるため、われわれヒトを含む生物は、多様かつ刻々と変化していく環境に対して、その場に合わせたもっとも効率的な行動や対処を発見し、適応的にふるまうことができるのです。

　学習のほかにも、生物が環境に適応していくしくみがあります。それが発達です。一般的に発達とは、何かの機能が完成していくさまや、機構が複雑になり広がり高度になっていく様子とされています。心理学における発達はもう少し広い概念であり、経年による心身の質的・量的な変化とされています。それでは発達と学習にはどんな違いがあるのでしょうか。大きな違いは、発達は特異性が低く、学習は特異性が高い変化であることです。特異性とは、ある個体やある環境下でのみ起こる個別性の強さを指しています。つまり、発達とは種全体にある程度共通している適応を目指した変化であるのに対して、学習とはその個体やある環境下でさまざまなバリエーションのある変化といえます。発達と学習の例としてあげられるものが言語です。言語（音声言語）の使用はヒトという種族全体にみられる特徴（発達としての結果）ですが、日本語や英語などはある言語文化圏で育ったことで身につく特徴（学習としての結果）といえま

す。言語文化圏に合った言語を使用できるようになることで、他者との意思疎通が可能となり、結果的により環境に適応した状態となるのです。

第2節　学習の理論：行動主義学習理論

　それでは学習はどのような要因で成立しているのでしょうか。心理学では主に刺激と行動の関係から学習を説明する**行動主義学習理論**と、内的活動（思考やルールなど）を媒介に学習を説明する**認知主義学習理論**に分類することができます。本節では行動と環境の関係に主眼を置いた学習理論について、それぞれの基盤となっている実験や理論を紹介します。

（1）レスポンデント条件付け（古典的条件付け）

　ある行動に対して、中性刺激と無条件刺激を時間的・空間的に接近して追提示することで、中性刺激が無条件刺激と同じ反射反応を呼び起こすようになることを**レスポンデント条件付け**や古典的条件付けと呼んでいます。もっとも周知されているレスポンデント条件付けの例がロシアの生理学者**パヴロフ**（Pavlov, I.）のイヌによる唾液分泌の条件付け実験でしょう。パヴロフはイヌの消化について研究している際に、給餌係の足音がイヌの唾液分泌を誘発していることに気がつきました。そこで、ベルの音などの唾液分泌反射と関係ない刺激（中性刺激）と、エサという唾液分泌の反射を誘発する刺激（無条件刺激）をくり返し追提示することで、ベルの音が唾液分泌を誘発する条件刺激となることを発見しました。レスポンデント条件付けは、刺激と刺激の関係を学ぶ学習ととらえることができます。パヴロフの発見から行動主義心理学と呼ばれる刺激間の関係・刺激と行動の関係を研究する学派がおこりました。行動主義心理学者であるアメリカの心理学者**ワトソン**（Watson, J. B.）は、人の恐怖などの情動も条件付けで説明できると主張し、小さな白ネズミと大きな音を追提示することで、白ネズミだけでなく白い髭などにまで驚愕反応を示すようになるという恐怖情動条件付けの実験を行いました。このように、人の情動などの内的な活

動も条件付けによって発生すると結論づけたのでした。

(2)試行錯誤学習

　レスポンデント条件付けのような刺激間の関係性の学習だけで、生物の学習はすべて説明できるのでしょうか。これに対して、生物は自分から環境に働きかけて自発的に学習していると考える立場もあります。**ソーンダイク**(Thorndike, E. L.)の実験は、生物がもっと能動的に学習をしていることを示しています。ソーンダイクは**問題箱**と呼ばれるいろいろなしかけを操作することで脱出できる箱にネコを入れ、扉を開けるまでの時間を測定しました。最初は箱のなかを動き回ったり、あたりを無作為にひっかいたり、しかけの操作とは関係ない行動をさまざまに表出します（**試行錯誤行動**）。そのなかで、偶然しかけのレバーを押すことや、扉を開けるペダルを偶然に踏んで外に出るという経験をくり返すと、徐々にしかけを操作するまでの時間が短くなることを発見しました。このように動物が自発的に行動し、試行錯誤するなかで特定の行動を獲得することを**試行錯誤学習**と呼びました。さらに、問題箱の外に出た時に餌を与えると、より反応が生起しやすくなることもわかりました。このように、ある反応が行為者の満足をもたらす場合、その反応の生起頻度が上昇する原理を**効果の法則**（the law of effect）と呼んでいます。

(3)オペラント条件付け（道具的条件付け）

　「生物は環境の中で自発的に行動し、その結果により学習を行う」というソーンダイクの発見を引き継ぎ、**スキナー**（Skinner, B. F.）は偶然的な試行錯誤の過程を記述するだけでなく、環境を操作することで生物の行動を制御できる可能性を探っていきました。スキナーはソーンダイクの問題箱を改良した**スキナーボックス**と累積記録装置を利用しどのような条件が学習に影響を与えるかという実験をくり返し行いました。ハトを実験体として用いたため、スキナーボックスにはハトがつつくスイッチ（ペッキングボックス）とフィーダーと呼ばれる自動給餌装置、実験内容に合わせてカラーライトなどが設置されていまし

た。スキナーが行った実験の一例を紹介します。ペッキングボックスをつつくとフィーダーから餌が供給される場合、ハトがスイッチをつつく行動の頻度が増加していきました。そして、ライトが点灯した場合にのみ餌が供給されるように条件を変えると、消灯時にはつつき行動の頻度が低下し、点灯時にのみつつき行動が現れるようになりました。しかし、ライトの点灯にかかわらず餌の供給がなくなったり、餌の代わりに電気ショックなどの痛みを与えるとつつき行動の頻度は低下し、最後にはまったくつつき行動がみられなくなりました。この一連の例示のように、スキナーは行動に先立つきっかけ（**先行事象**）と行動の結果起こる環境の変化（**後続事象**）で学習の予測と制御ができること――つまり学習をコントロールできること――を発見し、このような行動のしくみを**オペラント条件付け**と名づけました。さらにオペラント条件付けを理解するために、先行事象と行動、後続事象の３つから行動を分析していく**三項随伴性**という分析単位を採用しました。オペラント条件付けにおいて、行動の頻度が増加する現象を**強化**、その際に随伴する後続事象を**強化子**と名づけ、逆に頻度が低減する現象を**弱化**、後続事象を**弱化子**と呼びました。さらに、後続刺激が

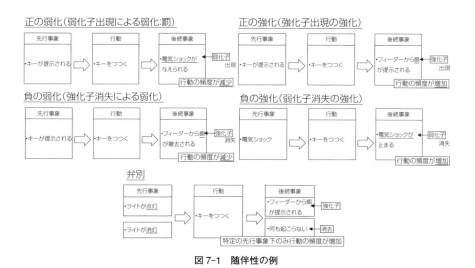

図7-1　随伴性の例

第２節　学習の理論：行動主義学習理論

出現することを「正（正の強化、正の弱化）」とし、後続刺激が撤去されることを「負（負の強化、負の弱化）」としました。また、後続事象が提示される条件によって行動が変化することを弁別と呼びました。いくつかの行動の例を三項随伴性から整理したのが図7-1です。

　上記の図で示したなかで、スイッチをつつくこと（行動）に餌（強化子）が与えられるとキーつつき行動が増えるでしょう。強化子が提示されたことで行動の頻度が増加することを**正の強化**と呼びます。逆に、キーをつつくこと（行動）で電気ショック（弱化子）が消える場合も行動が増えるでしょう。このような弱化子が消えることで強化されることを**負の強化**と呼びます。弱化ではどうでしょうか。キーをつつくこと（行動）に電気ショック（弱化子）が続くと、キーつつきの頻度は減少するでしょう。正の強化と同じように刺激が提示される弱化を**正の弱化**と呼び、このしくみを**罰**と呼んでいます。また、キーをつつくこと（行動）で、餌（強化子）が没収されてしまう時も行動が減少するはずです。これを**負の弱化**と呼んでいます。強化や弱化とは別に、カラーライトが点灯する（先行刺激）、キーをつつく（行動）と餌がもらえる（強化）一方で、カラーライトが消灯していると餌が得られないためキーをつつかなくなります。このように弁別刺激によって行動の生起頻度に差が生まれることが**弁別**です。

　スキナーはスキナーボックスを利用し、強化や弱化の頻度や強さ、タイミングなどを操作して、行動の制御に関する法則をたくさん発見しました。この一連の操作を強化スケジュールといい、現在ではギャンブルや依存症の理解や、効率の良い学習プログラムの開発などに利用されています。

第3節　学習の理論：認知主義学習理論

　行動主義による学習理論は環境にある刺激がわれわれの行動にどのように作用するかによって学習という現象を説明していました。では、学習が成立する際にわれわれの思考や洞察といった内的過程はどのように作用しているのでしょうか。学習に関して、思考やルールのような内的活動によって学習を説明

する理論を**認知主義学習理論**といいます。ここでは学習という現象に対して、認知を基盤とした学習理論を3つ紹介します。

(1) S-O-R連合理論

学習心理学者である**トールマン**（Tolman, E. C.）は、ネズミを対象にしたY路迷路（Yの字の分岐を組み合わせた迷路）での実験をくり返すなか、不思議な現象を見つけました。Y路迷路のゴールに報酬（餌）を設置すると、ネズミはゴールまでの順序を学習し、より早くゴールに到着できるようになります。十分にゴールまでの順路を学習したネズミに対して、途中の道を塞いでしまったらどうなるでしょうか？ オペラント理論から考えると、ネズミは道順を新しく再学習することになるため、実験開始時と同じくらいの時間が必要だと予想できます。ところが、このネズミは数回の試行で正解のルートを素早く選択することができたのでした。この現象についてトールマンは、ネズミはどの通路を選択すれば餌にたどりつけるのかという随伴性だけでなく、迷路の全体図を学習して頭のなかに経路図を作ったのだと考えました。この頭のなかの地図のことを**認知地図**（Cognitive Map）と名づけ、学習は刺激-反応（S-R）だけで成立するのではなく、刺激-個体-反応（S-O-R）から成る**S-O-R連合理論**を提唱しました。

(2) 洞察学習（ケーラーの洞察学習）

ソーンダイクの問題箱の実験では、ネコが課題場面全体を把握することが難しい状況で試行錯誤をしていると批判した**ケーラー**（Köhler, W.）は、全体を俯瞰できればもっと効率的な学習が行われると考えました。そこで、大きな部屋を問題箱として主にチンパンジーを対象に試行錯誤実験を行いました。ケーラーは高い天井からバナナが紐で吊るされている部屋にチンパンジーを入れて、好物のバナナを手にいれるためにどのように解決するのかを観察しました。実験開始時、チンパンジーは跳び上がってバナナを取ろうと試みますが、手が届かないという経験をします。しかし、実験室内に木箱があることを発見すると、この木箱を積み重ねて踏み台をつくり、そこに登ることで無事にバナナを手に

いれることができたのです。チンパンジーは試行錯誤やオペラント条件付け、レスポンデント条件付けなどで問題を解決したのではなく、部屋全体を観察するなかで問題の構造を理解し、手段と目的の関係を洞察して解決したと考えられます。これが有名な**洞察学習**の実験です。洞察とは、問題の本質的な理解や解釈、解決手段の発見などにより、考え方を組み換えて問題解決をする認知的な活動です。この結果から、学習は環境（刺激）と行動の機械的な連合だけでなく、もっと複雑な過程を含む活動であるととらえられるようになりました。

(3)社会的学習理論

私たちは直接的な体験から学ぶだけでなく、他者のふるまいをみることでも新しい行動を学習することができます。逆に、ほかの人が失敗している場面（たとえば、いたずらをして先生に怒られるところ）をみて、同じようないたずらを止めることもあるでしょう。他者の行動とその結果を観察することで成立する学習を**観察学習**と呼びます。もっとも有名な観察学習の例が**バンデューラ**（Bandura, A.）の**社会的学習理論**だと考えられます。バンデューラは行動の観察には2つの効果があると報告しています。新しい行動を獲得する効果と、行動を促進／抑制する効果です。観察学習が成立する過程については、①見本となるモデルの行動や結果の特徴に注意を向け（注意過程）、②観察した内容をイメージ化して覚え（保持過程）、③イメージを適切な運動としての行動として発揮し（運動再生過程）、④モデルと同じ行動を行った時に、どんな結果が得られるか理解する（動機づけ過程）の4段階の認知的な過程から構成されていると考えられています。この認知的な過程が機能するためには、他者の体験を自分に置き換える他者意図理解や行動と結果を記述する言語能力が不可欠であるととらえていました。しかし、のちの研究では言語をもたない動物でも観察学習が成立することも報告されています（Robert, 1990: Rachman, 1991）。観察から学ぶことは、ヒト特有の学習形態ではないようです。

またバンデューラは、観察による学習は新しい行動の獲得だけでなく、行動の遂行（実際に行動を表出する段階）にも影響を与えるのではないかと考えました。

そして、ある行動に対して他者が強化もしくは弱化を受ける場面を観察すると、その後の観察者の行動が増減することを発見しました。これは、観察により他者の強化随伴性を間接的に体験していると考え、**代理強化**と呼ばれるようになりました。心理学の歴史のなかでもっとも有名な代理強化の実験がボボ人形を使った攻撃行動の観察実験（Bandura, Ross & Ross, 1961）でしょう。この実験は、おとな（モデル）が人形への攻撃行動を行い、他者が①モデルの行動を褒めお菓子を与える、②モデルを叱責する、③何も行わない、以上3条件を子どもに観察させ、同じ人形がある部屋に案内しました。その結果、①の条件では攻撃行動が増加し、②の条件では攻撃行動が減少したことを明らかにしました。このように、他者の行動を観察することで、われわれは新しい行動を獲得するだけでなく、他者を通じて代理的に体験をすることが可能であるとバンデューラは結論づけました。ただし、モデルの年齢や性別、観察者の学習履歴や環境などにより行動の促進・抑制効果が異なることも報告されていることや、暴力などの社会的に不適切と判断される行動などは増加が一時的であることも知られています（Friedrich-Cofer & Huston, 1986）。われわれの行動が観察を通じてどのような影響を受けるのかについては、現在でも研究や知見の蓄積が続けられています。

第4節 学習理論の応用

　ここまで主な学習理論と根拠となる実験を紹介してきました。各学習理論は教育や対人援助のなかでどのように活かされているのかについて、簡単に紹介したいと思います。まず、行動主義的な学習理論は、生徒の理解や教材開発に応用されています。レスポンデント条件付けは、系統的脱感作といった手法を通じて多くの実践例が報告されています（たとえば選択性緘黙への支援（小野・江角・佐藤, 2021）など）。また、オペラント条件付けの視点は、社会的に重要な行動の予測と制御を目的とした学問領域である応用行動分析として、主に知的発達症（知的障害）や神経発達症（発達障害）のある方への支援方法として適用されています（道城・野田・山王, 2008; 須藤, 2018）。さらに、問題や課題を細かく

段階に分け1つずつ獲得したのち行動連鎖としてまとめるスモールステップという手続きや考え方もオペラント条件付けの理論や実験結果から生まれています。認知的学習理論は、学習に関連する動機づけの理論（第10章で扱います）として発展し、主に教授方法や学級経営の技術として重要な方法論として教育現場で治かされています。このように、今もなお学習理論に基づく新しい実験や研究結果が教育実践にフィードバックされています。

（榎本　拓哉）

＜引用・参考文献＞

Bandura, A., Ross, D., & Ross, S. A. 1961 Transmission of aggression through imitation of aggressive models. *The Journal of Abnormal and Social Psychology*, 63(3), 575-582.

Friedrich-Cofer, L., & Huston, A. C. 1986 Television violence and aggression: The debate continues. *Psychological Bulletin*, 100(3), 364-371.

道城裕貴・野田航・山王丸誠　2008　学校場面における発達障害児に対する応用行動分析を用いた介入研究のレビュー──1990-2005──, 行動分析学研究, 22(1), 4-16.

小野昌彦・江角周子・佐藤亮太朗　2021　包括的支援アプローチ適用による選択性緘黙の中学生の発話行動の形成, 認知行動療法研究, 47(3), 307-318.

Rachman, S. 1991 Neo-conditioning and the classical theory of fear acquisition. *Clinical Psychology Review*, 11(2), 155-173.

Robert, M. 1990 Observational learning in fish, birds, and mammals: A classified bibliography spanning over 100 years of research. *The Psychological Record*, 40(2), 289-311.

澤幸祐　2021　私たちは学習している──行動と環境の統一的理解に向けて──　ちとせプレス

須藤邦彦　2017　わが国の自閉症スペクトラム障害における応用行動分析学をベースにした実践研究の展望, 教育心理学年報, 57, 171-178,

＜読者のための読書案内＞

青山征彦・古野公紀・サトウタツヤ（編）『ワードマップ　学習マッピング──動物の行動から人間の社会文化まで』新曜社、2024年：学習に関連する現象やトピックスを、個人-集団、顕在（目に見える）-潜在（目に見えない）の2軸からまとめて紹介しています。

澤幸祐（2021）『私たちは学習している──行動と環境の統一的理解に向けて』ちとせプレス、2021年：レスポンデント条件付けからはじまり、オペラント条件づけ、S-O-R連合や認知学習までの流れを、豊富な実験結果をもとに整理している書籍です。

現場教師からのメッセージ7： 教師の模範が学びの土台に

「時間を守りましょう。」

あいさつ・廊下歩行とならんで、時間を守ることの大切さを説いている小学校は多いことでしょう。社会において時間概念がどれほどの利益や役割をもたらすのかを考えれば、また、教育の目的の1つが平和で民主的な国家および社会の形成者として必要な資質を備えた国民の育成であることをふまえるならば、教師が子どもたちに対して時間の大切さを説くことには重要な意義があるといえます。

一方で、教師の側はどうでしょうか。「私は、時間や時刻を正確に守るようにしている」と胸を張れる教師が、一体どれだけいるでしょうか。たとえば、校内の会議。決められた時刻になっても会議が始まらない、勤務時間を過ぎても会議が終わらないというのは、学校ではよく目にする光景です。勤務時間が過ぎているのに、自分の思いつきで突然会議を始めるような管理的・主任的立場の方もいます。

残念ながら、授業の開始と終了の時刻を守ることへの意識が低い教師もいます。子ども側からすれば、終了のチャイムが鳴った後に授業を続けられても、そこから先の授業内容などまったく頭に入ってきません。どんなにすばらしい授業が展開されていたとしても、授業全体が悪いイメージとなって台無しになってしまうことすらあります。時間の大切さを体感させるためにチャイムを活用しているはずです。子どもたちは、チャイムが鳴る前に着席し、チャイムが鳴ってから再度鳴るまでのあいだは集中すると「学習」しています。その積み重ねを教師が守らないということは、「時間は守らなくても良いもの」、「先生は言行不一致の人」と、子どもたちに誤学習させることになります。

学習を強化し、学習内容の定着を目指すためには、教師みずから率先して範を示すことが望ましいことは、いうまでもありません。このモデリングの大切さについては、かつてより多くの名言が残されてきました。自分の言動が子どもたちに与える影響の大きさを自覚し、みずからを律することができる教師でありたいものです。

「してみせて、言って聞かせて、させてみる」（上杉鷹山）
「やってみせ、言って聞かせて、させてみせ、ほめてやらねば、人は動かじ」（山本五十六）

（一色　翼）

記憶と問題解決

第1節 認知心理学とは

　人間は、見たもの、聞いたものについて、よく考えてさらに理解を深めることができます。今そこにないものごとも、思い出したり、イメージを作ったりして、頭のなかに浮かべることができます。このような、頭のなかで行うはたらきを、**認知**と呼びます。心のはたらきを、認知を中心にして解明する学問が、認知心理学です。

　第7章で取り上げた学習の研究では、ある人の外側、まわりにある環境や刺激が変わると、その人が外に出す行動がどのように変わるのかに注目しました。認知心理学では、そのあいだにある、人間の内側、頭のなかでどんなことが起きているのかを考えます。このはたらきがわかれば、教えることや学ぶことを、さらに深く理解し、よりよくするやり方を考える手がかりが得られます。この章では、認知心理学の中心的な研究テーマであると同時に、教育場面への応用にもつながる側面をもつ、記憶と問題解決について取り上げます。

第2節 記憶の種類

　記憶が、頭のなかにどのようにして入り、取り出されるのか、あるいはうまく入らなかったり、出せなくなってしまったりするのかについて、心理学では長い研究の歴史があります。そこから、人間の記憶は、記憶を入れるいくつかの「箱」から成っていることが明らかになりました。図8-1は、**多重貯蔵モデル**という、3種類の「箱」が並んだ記憶の構造を単純化した図です。目や耳などから入った情報は、図の左から順に、感覚記憶、短期記憶、長期記憶と進んでいくことになります。ただし、感覚記憶に入っていられる時間は1秒前後し

かなく、一瞬で通り抜けてしまうので、ふだん使っている記憶のほとんどは、その後にある、短期記憶と長期記憶のはたらきです。

図 8-1　多重貯蔵モデルの概略

　短期記憶は、文字通り、短いあいだだけ残る記憶で、入る量もとても少ないです。どのくらい入るかを、試してみましょう。次の文字列を見てください。

OMOCODTTNNETUKAR

　16 文字ありますが、全部が同時に視野に入ります。では、ここから目を離して、この文字列を、ノート等に書き出してみましょう。今見たばかりの、よく知っている文字の組みあわせなのに、すべて書くことは難しいはずです。

　短期記憶に入る量は、4 から 5 くらいです（昔は、7 ± 2 といわれたこともありました）。この単位は、文字数ではなく、チャンクという、意味のある情報のまとまりです。これについては、後のページで、また例を出して説明します。

　短期記憶は、何もしないままならば、数十秒くらいで消えてしまいます。引き延ばすためには、その情報を頭のなかでくり返す、**リハーサル**という処理をします。板書をとる時には、見たものを頭のなかで反復しているはずです。それでも、黒板やスクリーンはひと目で全部見えているのに、手もとに一度で書くことはできず、少し書いてはまた見て、何度も行き来することが多いのは、短期記憶に入る量が少ないからです。

　しかも、同時に別の何かを考えていると、入る量はさらに減ります。短期記憶が、ものごとを頭に浮かべて考える作業を行うスペースとしても使われているからです。短期記憶は、このような作業場としてとらえる観点から、**ワーキングメモリ**と呼ばれることもあります。

　しかし、その先の**長期記憶**にまで入ることができれば、記憶は長く残ります。長期記憶は、入る量に限界はないと考えられています。人生の途中で箱が満杯になってそれ以上覚えられなくなることも、古いものから順に消して上書きさ

れることもありません。幼い頃の記憶を、百年以上保っている高齢者もいるくらいです。

　長期記憶は、思い出し方の違いによって、エピソード記憶、意味記憶、手続き記憶といった種類に分類されることがあります。**エピソード記憶**は、人生のなかのある時、ある場所での体験として思い出されるものです。これに対して、**意味記憶**は、言葉の意味や一般的な知識のように、人生のどこかで知ったはずのことなのに、いつどこで体験したかの感覚はなく、内容だけが思い出されるものです。そして、**手続き記憶**は、意識しないあいだに働いていて、思い出しているという感じさえないものです。たとえば、おはしの使い方、自転車の乗り方は、人生のどこかで苦労して覚えたものですが、使う時に毎回思い出しながら動作するわけではないはずです。それまでに積み上げた記憶が、意識に上らずに体の動きを調整してくれるあいだに、人間は料理を味わったり、景色を味わったりすることに意識を向けていられるので、豊かな人生を送れます。

第3節　記憶の使い方

　記憶は、ただため込んでおくだけでは役に立たず、必要な時に適切に思い出す、検索ができることが重要です。第3節では、エピソード記憶を中心に、記憶をどのように使うかについて取り上げます。

　人間は、進化のなかで、生き残るために必要性の高い情報をより優先して思い出せるように進化しました。自分に関係ないものよりも関係あるものを、一度きりのものよりも何度も出会ったもの、つまりこれからも出会いそうなものを、何とも思わなかったものよりもいろいろと考えさせられたものを、より正確に記憶します。学校の勉強でも、こういった条件を満たすように学んだ方が、より身につくことでしょう。

　よって、優先度の低いものは忘れられてしまいます。ドイツの心理学者エビングハウス（Ebbinghaus, H.）の記憶実験から得られた、覚えてから時間が経つにしたがって記憶が失われていくことを表した**忘却曲線**は有名です（図8-2）。

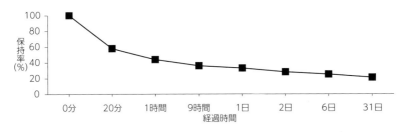

図 8-2　エビングハウスの忘却曲線の例（横軸が等間隔ではないことに注意）

　しかし、認知心理学では、忘却は記憶が消えてしまうというよりは、残っているのに検索できなくなった状態だと考えることがあります。それまでどうしても出てこなかった記憶が、後になってふと頭に浮かぶことを**レミニッセンス**と呼びますが、これは思い出せないからといって記憶がもう消えているとは限らないことの証拠です。また、ある記憶の検索が、ほかの記憶によって妨害される、**干渉**という現象も起こります。ある記憶に対して、それよりも前に覚えていた記憶が邪魔をするのを順向干渉、その後に新しく覚えたものによるものを逆向干渉と呼びます。高齢者にとって、新しいことの記憶が苦手になるのは、長い年月をかけて積み重ねた記憶による順向干渉が一因でもあります。

　思い出すはたらきに重点がある記憶の形として、**展望的記憶**があります。あの人にあったらこの話をしよう、食事の30分前になったらお薬を飲もう、などといった、あるタイミングが来た時にする行動についての記憶です。中高年になると記憶力が落ちるといわれますが、日常生活のなかでの展望的記憶のはたらきは、むしろ若者よりも良好なことがあります。これは、後述するメタ認知を活用して、自分の記憶の能力に合わせてこまめに注意を払ったり、メモやタイマー、忘れていそうな時に声をかけてくれる家族など、頭の外の資源を組みあわせたりしているからだとされます。同様に、忘れ物の多い子どもは、記憶内容を忘れてはいないのに、必要なタイミングで思い出せていないことが原因になりやすいので、想起を促す周囲からのはたらきかけや、確認行動の習慣の形成などの支援が求められます。

　一方で、一般に記憶力というと、個人の頭のなかだけで働く能力のイメージ

が強いと思います。これを高めるためには、さまざまな**記憶方略**を身につけ、使いこなしましょう。何度もくり返す反復学習は有効ですが、同じことばかりを集中してくり返すよりも、あいだを空ける分散学習を行った方が、効率が上がります。AAABBBCCC……ではなく、ABCABCABC……というように組むのが良いわけです。覚える時と同じ文脈の方が思い出しやすくなるという、文脈依存記憶も有用です。大学の期末試験の対策なら、試験会場にもなる教室にいるあいだにしっかりと覚えた方が楽ですし、自宅で音楽を聴きながら勉強するようなやり方は、試験の時とは異なる状況を作っているので効率が悪くなります。

見たままをただ暗記するのではなく、内容や意味を理解した上で頭に入れることが、良い学びのためにも、学習意欲を刺激するためにも重要です（第11章第3節も参照してください）。試しに、次の文字列を覚えてみましょう。

RAKUTENNTTDOCOMO

実は、3ページ前に見たのと同じ16文字を、並び順だけ逆にしたものですが、これならはるかに覚えやすいでしょう。携帯電話キャリアの2社の社名の知識を使えば、情報のまとまりは2チャンクとなり、効率的に記憶できます。知識、つまり意味記憶が、新しい記憶にも役立つことの例でもあります。

第4節 問題解決の考え方

くらしのなかのちょっと困った問題から複雑な社会問題まで、世のなかの問題の多くは、記憶のなかに答えを探しても、解そのものはありません。そこで、考えをめぐらせ、解き方を見出す、認知の力が問われることになります。

学校の勉強だと、決まった手順の通りに進めれば必ず正解に達するやり方が知られている問題もよくあります。その典型として、計算問題をあげることができます。そのような、正解が必ず得られるやり方を、**アルゴリズム**と呼びま

す。しかし、アルゴリズムでは解けないとわかっている問題や、アルゴリズムがまだ見つかっていない問題は、これでは解けません。また、もし見つかっていても、問題を解く人がそれを知らなかったら使われません。さらには、正しく知ってはいても、必要な手順が多くなると、面倒なので使う気になりません。

　それに代わって使われるのが、**ヒューリスティック**です。これは、ある程度の精度で、正解かそれに近いものが、比較的簡単に得られるやり方を指します。たとえば、買い物中に、かごに入れた商品が合計でいくらになっているかは、1の位まで全部足すことはせずに、上の2けたぐらいずつを足して、だいたいの額でみることが多いでしょう。また、図8-3の左右それぞれで、白い丸が黒い丸より多いかどうかは、アルゴリズムで解くならば、黒をまず数えて、次に白を数えていき、途中で黒の数を超えるかどうかで判断されますが、多くの人は、ぱっと見た印象で結論しようとするはずです。

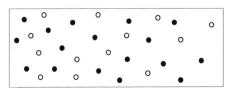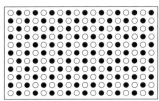

図8-3　白い丸は黒い丸より多いだろうか？

　雑なのに結果的にはそこそこ当たるのが、ヒューリスティックの威力です。ある県でもっとも人口が多い市を答えるには、アルゴリズムなら県内すべての市の人口を調べて比較するしかありませんが、頭にぱっと浮かびやすい有名な市を答えれば、あるいは単に県庁所在地を答えれば、意外と正答できます。ある人がふだん教室のどこに座るかを見るだけでも、学園アニメなら主人公かどうかが、現実の大学なら成績がよさそうかどうかが、精度はあまり高くありませんが、実はある程度読むことができます（どう読まれるか想像してみましょう）。

　しかし、学校の学びにおいて、アルゴリズムで解かずにヒューリスティックで対処するのは、目先の点数を多少とる役には立っても、正統ではありません。

たとえば、算数や数学の文章題が苦手な児童生徒には、内容の理解を飛ばして、文章中の数同士に四則演算のどれかを適当に適用するヒューリスティックがみられることがありますが、時々は当たるものの、学びとしては意味を成しません。そこに、文章中に「足す」があったら足し算をしよう、という指導を足せば精度は上がりますが、40度のお湯に60度のお湯を足すと100度になるといった珍解答をまねくので、適切な学びとはいえません。

また、問題のとらえ方が正しくなければ、アルゴリズムかどうかにかかわらず、正しい答えを導ける保証はありません。次の問題を解いてみましょう。

> ある街では、緑のタクシーが85％、青のタクシーが15％の割合で走っている。そこでタクシーによるひき逃げ事件が起き、目撃者は青いタクシーの犯行だと証言した。目撃者の識別能力を検証したところ、事件当時の状況では80％の確率で正解、20％の確率で誤ることがわかった。すると、青のタクシーが犯人である確率は？　（Bar-Hillel, 1980; 生駒, 2024）

これは計算問題だろうと感じ、緑と青との比率を示す数値も読みとれるのに、計算せずに80％と答えてしまう人が少なくないことが知られています。あるいは、正しく計算して約41％という数値を得ても、納得がいかない人もいます。頭のなかに、問題の状況をとらえた形である**メンタルモデル**を正しくつくり、正しく操作することが、正しい問題解決のために必要なのです。

第5節　問題解決の特性と支援

問題を正しく解くためには、認知心理学からみた、人間の思考の「くせ」を知っておくことが有用です。どのような「くせ」が効いているかに注意すれば、解答のゆがみや、誤りを見のがしてしまうミスを減らすことができます。

あるサイコロを3回振って、3回とも6の目が出たとします。では、4回目も6が出る確率はいくつでしょうか。1/6と答える人が多そうですが、このサイコロは6の目が出やすいようなのでもっと高いと考える人はなかなかいませ

ん。このサイコロはどの面も等しい確率で出るという、出題文には書かれていない前提をおいて判断しがちです。あるいは、そもそも6面のサイコロであるとも書いてはいません。人間は、そこに説明がないものごとは、普通はこうだろうという一般的な知識を用いて、自動的に埋めあわせて理解します。このようなものを**スキーマ**と呼び（これをフランス語で呼ぶと、第3章第1節の「シェマ」になります）、メンタルモデルを効率よくつくるヒューリスティックに活かせる一方で、誤解のもととなります。俳句のようなごく短い詩を味わえるのは、スキーマがそこに書いていないことを埋めあわせて豊かな情景をつくるからです。子どもをねらう犯罪者は、いかにも怪しげな「不審者」のスキーマから外れた好印象を整えることで、うたがわれないようにして近寄ってくるものです。

　また、認知がどのような方向にゆがみやすいかを知っておけば、その分を意識的に修正することもできます。このような**認知バイアス**には、さまざまなものがあります。選択肢のどれが正解かわからない時、より知っている感じがするものが選ばれやすく、先ほどあげた人口が多い市を選ぶような問題であればこれで自然に正解に近づきますが、よく知られた語が誤った選択肢にあるとそれを選ぶ人が増え、正答率が落ちます。答えや解き方を知っている問題には、それがすぐ頭に浮かんでしまうため、ほかの人がなぜ苦戦するかが理解できなくなります。他者の行動の理由の推測では、まわりの環境に行動の原因がある（第7章第2節も参照してください）と考えるよりも、そういう人だからそう行動したという、内面に原因をおいた理解に頼りがちになります。これは、第13章第2節にある、人を評価することのバイアスやむずかしさとも関連します。

　頭のなかで考えることの限界を乗り越えるためには、思考を頭の外に出すことも有用です。メンタルモデルをつくる際には、図解するなどして頭の外に描くと、より理解が進みます。先ほどのタクシー問題を、文章に沿って図解した例を、図8-4に示しました。

　頭のなかで形がはっきりしないものは、言葉に出すことで整理できる面もあります。解法を記述させるタイプの出題は、理解の確認だけでなく、解答者の理解を深めたり、理解の不足に気づかせたりする効果をもちます。自己の内面

第5節　問題解決の特性と支援

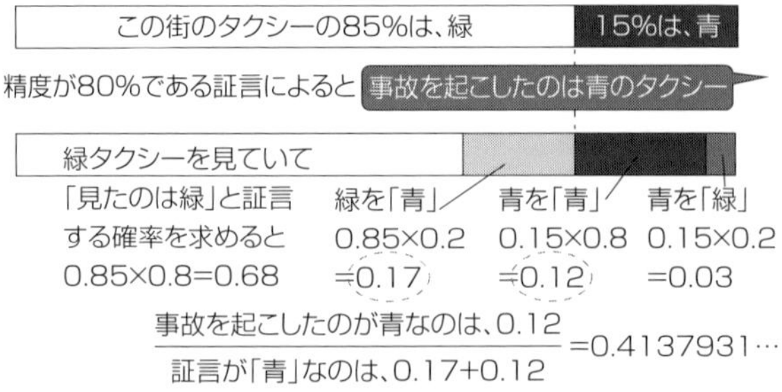

```
この街のタクシーの85%は、緑   15%は、青
精度が80%である証言によると 事故を起こしたのは青のタクシー

緑タクシーを見ていて
「見たのは緑」と証言    緑を「青」  青を「青」  青を「緑」
する確率を求めると    0.85×0.2   0.15×0.8   0.15×0.2
0.85×0.8=0.68       =0.17      =0.12      =0.03

事故を起こしたのが青なのは、0.12
─────────────────────────── =0.4137931…
証言が「青」なのは、0.17+0.12
```

図8-4 「タクシー問題」を図解して解く

を語りに乗せるなら、第15章で述べるカウンセリングへとつながります。

　語りや文章化の効果の一因は、自分の頭のなかにあることを、自分で見つめ、より客観的な理解を得られることにあります。自分の認知について認知することを、**メタ認知**と呼びます。自分が今考えていること、頭に浮かんでいることがどんなものなのか、それが正しいのか、自分はどう考えがちなのかを理解することで、より適切な認知が得られやすくなり、問題解決がより容易になって、人生にプラスになります。学習指導要領にも、よりよい社会や幸福な人生を切りひらく上で、メタ認知が重要であることが明示されています。

　もちろん、学校の勉強にも、メタ認知が役立ちます。ただし、子どもが自然に行うにはまだむずかしいので、親や教師が意識してはたらきかけて、思考の流れやつまずきを意識させましょう。その積み上げの先には、学びとは暗記か直観で当てるもの、ただ量をこなすものではなく、知らない世界や形のないものごとを理解し、筋道立てて考えを進め、頭のなかで工夫して向きあっていくことであるとする、認知に視点をおいた学びのとらえ方である**認知的学習観**を伸ばすことが求められます。

　一方で、考える能力がすべての人に等しく現れるわけではありません。そういった個人差は、知能としてとらえるものに含まれます。そこで、次の章では、知能について詳しくみていくことにしましょう。

(生駒　忍)

〈引用・参考文献〉

Bar-Hillel, M. 1980 The base-rate fallacy in probability judgments, *Acta Psychologica*, 44 (3), 211-33.
生駒 忍 2024 思考と問題解決 一般社団法人日本心理学諸学会連合心理学検定局（編）心理学検定基本キーワード［第3版］ 実務教育出版 pp.71-72.

〈読者のための読書案内〉

三宮真智子『メタ認知――あなたの頭はもっとよくなる』中央公論新社、2022年：メタ認知のはたらき方や使い方、楽しい向きあい方、個人差などをわかりやすく述べています。メタ認知を教育や学習に活かすヒントも多く得られます。

鈴木宏昭『認知バイアス――心に潜むふしぎな働き』講談社、2020年：さまざまな認知バイアスについて、その利点、難点の両方を見つつ述べるとともに、認知バイアスから逃れられないなかで、認知をどう考えたらよいかを考えるなど、多角的な視点から理解できます。

高橋雅延『記憶力の正体――人はなぜ忘れるのか？』筑摩書房、2014年：特殊な記憶力を発揮する人の分析、記憶が書き換わるはたらき、記憶と意識の関係など、認知心理学の視点から、記憶がどのようなものかを科学的に解き明かします。

現場教師からのメッセージ8： その指示、子どもにあっていますか？

「この後の『全校落ち葉拾い』について説明します。質問は最後にまとめて受けつけますので、最後までよく聞いてください。まず、帽子をかぶり、軍手とビニール袋を持って外に出ます。集合場所は、下駄箱を出てすぐの飼育小屋の前です。飼育小屋の前に全員が集合したら、いよいよ落ち葉拾いに向かいます。落ち葉を拾う場所ですが……。」

「先生、飼育小屋の前では、何順に並ぶんですか？」

このように、教師が話している途中なのに、説明を遮って質問をしてくる子が一定数います。こんな時、その子のことを教師は「最後まで話を聞くことができない子」、「落ち着きがない子」と決めつけがちです。ほかにも、最後まで説明を終えた直後に、「先生、帽子はかぶるんですか？」と聞いてくる子もいます。「さっき言ったばかりじゃないの……」、呆れながら答える先生の顔が浮かんでくるようです。

話している途中なのに遮って質問をしてくる子、説明したばかりの内容について質問してくる子のなかには、ワーキングメモリに極端な困難を抱えている子である場合があります。「質問は最後に受けつける」と言ったこと自体を忘れてしまっているのかもしれませんし、先生の指示を忘れてしまうのが怖くて焦っているのかもしれません。

そもそも、冒頭の説明場面では、一度に多くの情報を詰め込みすぎていると考えることはできないでしょうか。「帽子をかぶりましょう」と指示をして、実際に帽子をかぶらせる。「軍手とビニール袋を持ちます」と指示して、実際に準備させる。「飼育小屋の前に行きます」と指示を出して、すぐに移動させる。その後については飼育小屋の前で指示を出すというように、一つひとつの指示を短くすることもできたわけです。日頃から子どもたちのワーキングメモリの容量に配慮し、自分の指示は明快で適切だろうかとふり返る謙虚な姿勢が教師には求められます。

ワーキングメモリに困難を抱える子どもが多いクラスの場合、口頭で説明するだけでなく、視覚的にも配慮することが望ましいといえます。黒板の隅にチョークで書いたり、パソコンで打ち込んだ文字をスクリーンに投影させたりするだけで、飛躍的に子どもたちの理解が高まります。「なおそうとするな、わかろうとせよ」の心が大切です。

(一色　翼)

知能

第1節　知能とは

（1）知能とは

「物事の認識の仕方」、「言語能力や思考力、表現力など、生活する上で必要な能力」、「考えたり計算する能力」、「生まれ持った頭の良さ」、「学習によって身につく知識や態度のこと」、「蓄えた知識を利用できる能力」、「学力のこと」、「情報を収集、分析、活用していくこと」……。

ここに列挙したのは、私が担当する授業のなかで大学生に問いかけた、「知能とは何か?」に対する答えです。「知能が高い人」というのは、何でもテキパキと要領よくこなす人なのでしょうか。空気が読める人なのでしょうか。あるいは、テレビ番組でよく見かけるような、雑学に長けた人のことを指すのでしょうか。こうした、一般の方が抱く知能に関するイメージのことを**暗黙の知能観**と呼びますが、知能とはいったい何なのでしょうか。本章では知能とは何か、どのように測定するのかということについてみていきます。

（2）知能に関するさまざまな理論

「知能とは?」という問いに対して、心理学者は古くからさまざまな議論を重ね、各研究者がさまざまに定義を行ってきました。代表的な研究者の理論的な枠組みを図9-1に図示しました。

スピアマン（Spearman, C.）は、知能を一般因子（g）と特殊因子（s）に大別しています。一般因子とは、すべての知的活動に共通して働くものであり、特殊因子は個々の課題や活動に対して固有に働くものであると考えられています。一方**サーストン**（Thurstone, L. L.）は、知能は7つの基本的能力から構成されると考え、知能の多因子説を提唱しました。また、ギルフォード（Guilford, J. P.）

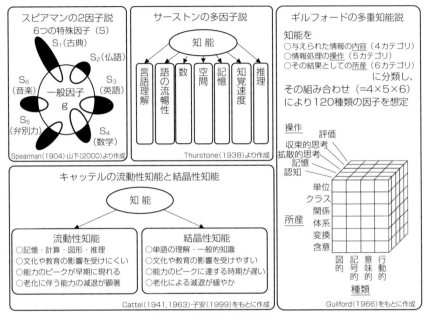

図9-1　知能に関する考え方

は、知能を、与えられた情報の内容、情報処理の操作、その結果として得られるもの（所産）の組みあわせによって構成されると考え、これらをかけあわせた立方体モデルを想定しています。これによると、知能は120種類の因子から構成されると考えられます。

キャッテル（Cattell, R. B.）は、知能を流動性知能と結晶性知能に大別しています。**流動性知能**とは、新しい場面に適応するために必要な能力であり、推論や思考力などが含まれます。一方**結晶性知能**とは、過去の学習や経験によってもたらされる語彙や知識を指します。前者は20歳頃をピークとして緩やかに低下する一方、後者は老年期にかけて維持されると想定されています（Horn & Cattel, 1967）。キャッテルの弟子であるホーン（Horn, J. L.）はキャッテルの理論を拡張し、あらたな知能因子を加えていきました。

1990年代になり、世界中で行われてきた知能検査の研究データを、因子分

析という方法で再分析したキャロル（Carroll, J. B.）は、知能が3つの階層構造になっていることを見出します。最上位には、スピアマンが提唱したような一般因子（g）、次の層にはキャッテルとホーンが提唱した複数の広範な（broad）知能因子、そしてもっとも下の層には数多くの狭い（narrow）知能因子を置きました。

今日では、キャッテル―ホーンの理論とキャロルの理論を統合したモデルが一般的となり、三者の頭文字をとった**CHCモデル**と呼ばれています。CHCモデルでは、下位の層に70の因子を、中間の層には10の広範な知能因子を配置しています（10以上を想定している研究者もいます）。なお、最上位に一般因子を置くかどうかは、今日でも議論が続いており、結論が出ていません。

このように、知能の中身が何であるか、細かく分類するといくつの要素が見出されるのかについては、その研究時期によって違いや変化がみられます。

第2節　知能を測る

知能を測定するため、今日では複数の知能検査が開発され、教育や福祉、医療の現場などで活用されています。ここからは、いくつかの知能検査について、開発の経緯とその特徴について、ご紹介します（各検査の概要は表9-1参照）。

（1）ビネー式知能検査

知能検査のなかでもっとも歴史が古く、また今日においても活用されている知能検査として、ビネー式知能検査があげられます。もともとは、20世紀初頭のフランスで、特別支援教育の対象となる子どもを発見する目的で、**ビネー**（Binet, A.）と**シモン**（Simon, T.）によって開発されました。この検査には、特定の年齢水準に応じた難易度の問題が複数用意され、それらの問題に正答した場合、知的水準（**精神年齢**）がその年齢レベルであると評価することになりました。

その後、ビネー式知能検査はアメリカのスタンフォード大学で大幅な改良が加えられました。その際、**知能指数**（IQ: Intelligence Quotient）の概念が採用さ

表9-1 代表的な知能検査

知能検査	対象年齢	特徴
田中ビネー式知能検査 田中ビネー知能検査Ⅵ	・2歳0ヵ月～成人	・2～13歳： 　精神年齢を算出するが、 　偏差に基づくDIQ（偏差知能指数）を 　主要指標とする ・14歳以上：DIQを算出
ウェクスラー式知能検査	・2歳6ヵ月以上 　WPPSI：2歳6ヵ月～ 　　　　　7歳3ヵ月 　WISC：5歳～ 　　　　16歳11ヵ月 　WAIS：16歳～89歳	・対象者の年齢に応じて　3種類の検査 　WPPSI-Ⅲ／WISC-Ⅴ／WAIS-Ⅳ ・偏差IQを算出（平均100、標準偏差15） $$IQ = 15 \times \frac{（個人の得点）-（集団の平均点）}{（集団の標準偏差）} + 100$$ ・全般的な知能能力（FSIQ）に加え、 　複数の指標得点を算出
KABC-Ⅱ	・2歳6ヵ月 　～18歳11ヵ月 　（日本版）	・認知尺度と習得尺度を算出 (1) 認知総合尺度と4つの下位尺度 　　継次／同時／計画／学習 (2) 習得総合尺度と4つの下位尺度 　　語彙／読み／書き／計算 ・尺度ごとに標準得点を算出 　（平均100、標準偏差15）

れます。スタンフォード・ビネー式の知能検査では、知能指数は生活年齢（私たちが通常"年齢"と呼ぶ、生まれてからの年数や月齢）と精神年齢の比率で示され、精神年齢の方が高ければIQは100を超え、精神年齢の方が低ければIQは100を下回ります。このように算出されるIQを**比率IQ**と呼びます。

　日本では、田中寛一や鈴木治太郎が標準化し、今日でも用いられています。このうち**田中ビネー知能検査**は、スタンフォード・ビネー式同様、比率IQにより知能指数を算出してきました。しかしながら、比率IQによる知能指数の算出では、たとえば生活年齢5歳の子どもの精神年齢が6歳だった場合と、生活年齢15歳の子どもの精神年齢が16歳だった場合では、同じ1歳の差でも、IQに大きな隔たりが生じてしまいます。このため、2024年に改訂された田中ビネー知能検査Ⅵでは、偏差に基づくDIQ（偏差知能指数）を用いて知能指数を算出する方法に変更されました。

（2）ウェクスラー式知能検査

　一方、今日もっともよく使用されているもう1つの知能検査は、1930年代のアメリカで、**ウェクスラー**（Wechsler, D.）が開発しました。複数回の改訂を経て、現在では年齢に応じて3種類の検査が用意されています（表9-1参照）。

　ウェクスラー式知能検査の大きな特徴の1つは、精神年齢を用いた比率IQではなく**偏差IQ**により知能指数を算出するという点です。同年齢の多くの人たちのなかで、受検者の位置を相対的に位置づける方法です。ウェクスラー式知能検査では、IQの平均が100、標準偏差が15の正規分布を想定します。おおむね70～130のあいだに全体の約95%の人々が含まれると考えます（図9-2参照）。

　ウェクスラー式知能検査のもう1つの特徴は、全体的な知的発達水準であるFSIQ（Full-Scale IQ）に加え、いくつかの指標得点を算出することができる点です。これによって、同年代の他者と比べた時の相対的な位置づけ（**個人間差**）に加え、受検者のなかでの得意・不得意（**個人内差**）を算出できます。たとえば、語彙が豊富で、会話によるコミュニケーションが得意である一方、筆記やパズルなど、手を動かして表現することが苦手である子どもの場合、同じ国語という教科のなかでも、音読や文章読解は上手で、家庭や学校における音読や読書課題は進んで行う一方、字を丁寧に書くことが苦手で、漢字ドリルの取り組みへの意欲は低いかもしれません。反対に、視覚情報を処理することが得意である一方、文章読解に困難を抱える子どもの場合、算数のなかでも図形に関する問題は得意かもしれませんが、文章題に苦手さを感じる可能性があります。このように、個人がもつ得意・不得意は同一教科のなかでもはっきりと現れることがあり、その背景に

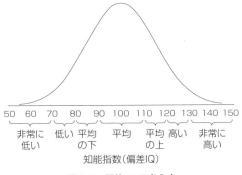

図9-2　偏差IQの考え方

ある知的能力の高低を理解することで、子どもの困難を理解し、支援に結びつけることができます。

（3）KABC-Ⅱ

今日、日本で用いられている代表的な知能検査は上記２つですが、それ以外に教育領域での活用が広がりつつある知能検査として、**KABC-Ⅱ**（Kaufman Assessment Battery for Children-Ⅱ）があげられます。この検査は、認知尺度と習得尺度と呼ばれる２つの尺度から構成されています。前者は受検者が新しい知識や技能を獲得していくときに必要となる認知能力を測定し、後者は基礎学力を含めた習得度を測定します。認知尺度のなかで特徴的なのは、複数の刺激をまとめて全体としてとらえる力である同時処理と、連続した刺激を１つずつ順番に処理する継次処理をそれぞれ測定できる点です。同時処理と継次処理の得点を個人内比較することで、より適切な学習方略を探ることができることがメリットの１つです。たとえば漢字の書きとりにおいて、同時処理が得意な子どもは、大まかな形は想起できても、細かい部分での間違い（本来は"日"である部分が"目"になるなど）がみられるかもしれません。一方、継次処理が得意な子どもは、偏やつくりは正しく書けても、それらを全体的にどの位置に配置すべきかという点でつまずく（"明"という字を書くべきところ、"日"を右側、"月"を左側に書くなど）かもしれません。こうした、認知処理のスタイルに合わせて指導方法を柔軟に変えることにより、よりよい学びに活かすことができます。

また、習得尺度は日本版オリジナルであり、字の読み書きや加減乗除の計算など、学校で取り組む課題に近い問題が出題されます。たとえば、認知尺度の得点よりも習得尺度の得点が大幅に低い場合は、もともとの知的水準としては十分なポテンシャルをもちつつも、学習機会が不十分なために本来もっている力を発揮できていない可能性が示唆されます。長期欠席により学習の積み重ねが不十分であったり、家族の介護や支援に忙殺されて（いわゆる「ヤングケアラー」）、学習どころではない子どももいます。子どもの学習の遅れが、知的発達症（知的能力障害）に由来するものなのか、あるいは学習経験の不足に由来する

ものなのかを理解する上で有用な検査です。

（4）その他の知能検査

上述した検査以外にも、DN-CAS（Das-Naglieri Cognitive Assessment System）などの個別式知能検査が開発されています。また、ここまであげた検査はいずれも、検査者と受検者が1対1で行う検査でしたが、複数の受検者に一斉に実施する集団式知能検査も存在します。当初は軍隊への入隊に際し、受検者の適性を確認するために開発されました（集団A式）。英語を母語としない人向けに、言語を用いない形で行われる検査もあります（集団B式）。

第3節　知能を測る上での配慮事項

本章ではここまで、知能とその検査について紹介してきました。しかしながら、知能という概念は常に変化しており、算出される知能指数も万能ではなく、知能やその検査に関する誤解もたびたび起こります。本節では、知能の測定やその解釈における留意点をいくつかあげておきたいと思います。

（1）数字がもたらすインパクト

前節で紹介したように、知能検査を受検すると、IQなどが数値で算出されます。しかしながら、数字は強いインパクトを与えます。ちょうど体重計に乗った時に「500グラム増えている！」とショックを受けるのと同じです。実は、体重計には測定の誤差が生じることがあり、誤差によって数値が増減する可能性がありますが、私たちはそんなことには思い至らず、「痩せた」とか「太った」とか、大騒ぎをするわけです。

心理検査も同様で、受検者の体調や空腹などのコンディション、検査者との関係性、受検場所の環境（温度や騒音）などによって検査結果に多少のブレが生じます。このため、知能検査の結果には**信頼区間**（「IQはおよそこの範囲である」という目安）が記述されることがあります。こうした測定上の限界を理解した

上で、1つの数値に一喜一憂することなく活用することが求められます。

（2）知能水準の高さ・低さ・凸凹

　知能水準の高さや低さは、日常生活上の困難につながります。低い場合には、年齢から期待される知的活動の困難や日常生活上の困難をきたします。たとえば買い物の際、同時に複数のことがらを記憶する能力に課題があれば、何を買うかを忘れてしまうかもしれません。買ったものの金額を一時的に覚えておき、足し算してだいたいの支払額を計算できないと、支払いの際に手持ちのお金では足りなくなってしまうかもしれません。数の大小に関する理解が不十分であれば、1000円分の買い物に対し、100円玉で支払いを済ませようとするかもしれません。このように、知的発達水準が生活年齢に対して著しく低く、それによって社会で適応することに困難を抱える場合、アメリカ精神医学会が定める最新の診断基準（DSM-5-TR）では、**知的発達症**（知的能力障害）と呼ばれます。発達の早期に発見し、適切に対応することが求められます。

　一方で、IQが高いことは、一見するとすばらしいことに思われるかもしれませんが、困難をもたらすこともあります。同年代の子と話が合わなかったり、興味関心や好みの遊びが合わなかったり、授業が退屈に感じられることで、疎外感やストレスを抱くことも少なくありません。こうした、知能に限らず特定の能力が著しく高い人々はしばしば**ギフテッド**（gifted）と呼ばれます。文部科学省では近年、こうした子どもを「特定分野に特異な才能のある児童生徒」と定義し、支援方法について検討を始めています（文部科学省, 2021）。

　さらに、全体的なIQが平均的だったとしても、得意なことと不得意なことのあいだの差が大きく、困難を抱く場合もあります（知能検査では、こうした下位検査間の大きな得点差をディスクレパンシーと呼びます）。読みや書き、計算など、特定の能力のみがほかの能力に比べて著しく低下しており、学業面や日常生活に困難をきたす場合には**限局性学習症**（**SLD**: Specific Learning Disorder）と診断されることがあり、やはり支援の対象になります。たとえば、字の読み書きに著しい困難を抱えている場合（ディスレキシア）、音読の際に同じ行を2度読んだり、

漢字の書きとりで細部を間違えたり（たとえば、"手"という字の横線が1本多くなる）、ノートの罫線に沿って真っすぐ書くことができなかったりします。字の書きに特化した苦手さがある場合（ディスグラフィア）、卒業文集の原稿を書くにあたって、内容のアイディアはたくさんもっていても、いつまで経っても原稿を完成・提出できないことがあります。SLDの場合、子ども一人ひとりに合わせた支援のあり方が考えられます。たとえばディスレキシアの子どもの場合、ワープロソフトによるタイプ打ちでの原稿提出を認めたり、教科書の内容を録音した上でそれを聞きながら（つまり、文字という視覚情報に依存しない方法で）学ぶこともできます。ICTの進歩により、近年では支援に関するさまざまな工夫が考案され、教育現場で活用されています。

（3）知能以外の観点からみる人間理解

　ここまで、人間の知能について、その理論や測定方法について紹介してきました。しかしながら、性格や思いやり、我慢強さや動機づけ（第10章参照）など、「その人らしさ」を表す要素は知能以外にもあります（そのなかの一部について、近年では「**非認知能力**」と呼ばれて注目を集めています）。このように、人間の多様な側面に関する情報を集めて理解を深めるプロセスを、心理学では**アセスメント**（assessment）といいます。知能検査と、その結果として得られる知能指数は、アセスメントのための道具の1つでしかありません。また、心理学では、知能以外の人間の諸側面を測定するさまざまな検査法が開発されています（第14章参照）。受検者を多面的に理解するために知能検査を含む複数の検査を組みあわせて実施することを**テスト・バッテリー**（test battery）といいます。

（藤原　健志）

〈引用・参考文献〉

Cattel, R. B.　1941　Some theoretical issues in adult intelligence testing. *Psychological Bulletin*, 38, 592.
Cattel, R. B.　1963　Theory of fluid and crystallized intelligence: A critical experiment.

Journal of Educational Psychology, 54, 1-22.

Guilford, J. P. 1966 Intelligence: 1965 model. *American Psychologist*, 21, 20-26.

Horn, J. L., & Cattell, R. B. 1967 Age differences in fluid and crystallized intelligence. *Acta Psychologica*, 26, 107-129.

子安増生 1999 知能 中島義明・安藤清志・子安増生・坂野雄二・繁桝算男・立花政夫・箱田裕司（編） 心理学辞典 有斐閣 p.579

三好一英・服部環 2010 海外における知能研究とCHC理論 筑波大学心理学研究, 40, 1-7.

文部科学省 2021 特定分野に特異な才能のある児童生徒に対する学校における指導・支援の在り方等に関する有識者会議 論点整理 https://www.mext.go.jp/b_menu/shingi/chousa/shotou/169/index.html

Spearman, C. 1904 "General intelligence," objectively determined and measured. *American Journal of Psychology*, 15, 201-292.

Thurstone, L. L. 1938 *Primary mental abilities*. The University of Chicago Press.

山下直治 2000 知能と創造性 新井邦二郎（編） 図でわかる学習と発達の心理学 福村出版 pp.47-56.

〈読者のための読書案内〉

宮口幸治『ケーキの切れない非行少年たち』新潮社、2019年：本書を含む一連の書籍は有名になりました。知的発達症には至らないまでも、IQの低さに起因する子どもたちの課題と背景、必要な支援のあり方が書かれています。

藤田和弘（監修） 熊谷恵子・熊上崇・小林玄（編著）『思春期・青年期用 長所活用型指導で子どもが変わる Part5――KABC-Ⅱを活用した社会生活の支援』図書文化社、2016年：KABC-Ⅱの検査結果（とくに同時処理と継次処理）を教室での指導にどう活かすかを具体的に示した1冊です。

石隈利紀・家近早苗『スクールカウンセリングのこれから』創元社、2021年：知能検査（intelligence test）を超えた"賢いアセスメント"（intelligent testing）を提唱しています。学校心理学を日本に紹介した著者がおくる、価値ある1冊です。

現場教師からのメッセージ9： 知能検査の先にあるもの

「特別支援教育」や「発達障害」という言葉が学校現場で頻繁に使われるようになり、WISCや田中ビネーの存在が広く知られるようになってからというもの、学校における知能検査の存在感は増すばかりです。

保護者と学校関係者とのあいだで十分な検討を重ねた上で検査に至り、適切な支援に結びついたというケースが多い一方で、教師が保護者に安易に検査を勧めたことで、「先生はうちの子に障害があると決めつけている」と保護者からの信頼を失ってしまうケースもあります。また一方で、保護者が突然来校して、外部機関で受けたWISCの結果を見せながら「合理的配慮」を過度に求めてきたりする場合もあります。

子どもになんらかの問題や困り感がみられる時、「とりあえず、知能検査を受けさせよう」と考える教師や保護者が増えた印象を受けます。ですが、本来、子どもが困っているならば、「子どもになぜその問題がみられるのか」について話しあうことを優先すべきです。いきなり知能検査を受けさせるということは、「この子には、生まれつきの問題があるはずだ」と決めつけていることになり、子どもに深い傷を負わせることになりかねません。

また、知能検査を「子どもに関するあらゆる問題の原因を明らかにしてくれるもの」と、まるで魔法の道具か何かのように過度に期待を寄せる教師や保護者もいます。ですが実際には、「子どもの問題や困り感の原因を探る上での、手掛かりやヒントになる可能性があるもの」程度であるというのが、その実態ではないでしょうか。大切なのは、「なぜ知能検査を受けさせるのか」という検査の目的や活用方法を明確にし、検査の限界も認めた上で実施することです。

知能検査は、その子が苦手とする部分を数値で知ることができる重要な機能を有しています。ワーキングメモリが低いのであれば、一度に複数の指示を与えずに短く区切って段階的に伝えること、意図的に反復練習を行うことで長期記憶に定着させるように配慮すること、というような支援を行うことが有効でしょう。その一方で、「この子は何が得意なのだろう」という視点をもつことも重要ではないでしょうか。保護者も教師も、子どもをなんとかしてあげたいと思うあまり、どうしても子どもの苦手な部分にばかり目がいきがちだからです。どんなに気を配った上で支援を行ったとしても、苦手な部分にばかり目を向けていると、子どもはつらい思いをすることが少なくないと考えられます。苦手な部分と同じくらい得意な部分にも目を向け、子どもが前向きに楽しみながら取り組めるような支援をしていきたいものです。

(一色　翼)

動機づけ

第1節　動機づけとは

(1) 古典的な動機づけ

　人は日常から「やる気が出てきた」「やる気が起きない」など、やる気についてしばしば考え、話題にします。「やる気」は心理学において、**動機づけ**と呼ばれ研究されています。動機づけとは、なんらかの原因によって行動が引き起こされ、持続するプロセス全体やそのメカニズムを指します。学習を促進し、望ましい発達を支援するためには動機づけを理解することは重要です。

　では、具体的にはどのような動機づけがあるのでしょう。古典的には、動機づけは2種類に分けられます。その1つは、**内発的動機づけ**であり、行動の原因がその行為自体（行為の内側）に存在する動機づけをいいます。たとえば、興味があるから勉強する、やりがいがあるから仕事する、楽しいからスポーツをする、ただ人と話をしたいから電話をするなどが例としてあげられます。一方、その反対に位置するのが**外発的動機づけ**です。外発的動機づけは、行動の原因がその行為の外側に存在する動機づけを指し、たとえば、やらないと怒られるから勉強する、お金がもらえるから仕事する、健康のためにスポーツをする、仲間外れになるのが嫌だから友だちと仲良くするなどが例としてあげられます。怒られなくなったら勉強しなくなるというように、外発的動機づけは行為の原因がなくなってしまうと行動も消失してしまうのが特徴です。

　内発的動機づけと外発的動機づけについて研究した多くの研究は、さまざまな側面において内発的動機づけで行動することのメリットを示しています。学習内容の深い理解、より良い学習方略の使用、高い学業成績や仕事などでの成果の高さ、創造性の高さといったパフォーマンスだけでなく、学校や職場での適応の高さ、高い満足感や充実感、自信や精神的健康の高さといった精神的指

標とも結びつくことが明らかとなっています。

（2）自己決定理論

では、日頃から内発的動機づけによって行動するように心がければよいのでしょうか。そのようにできれば良いですが、すべての場面で内発的動機づけをもつことは難しいかもしれません。

デシ（Deci, E. L.）とライアン（Ryan, R. M.）は**自己決定理論**という動機づけ理論を確立し、外発的動機づけのなかにも適応的な動機づけがあることを示しました。自己決定理論では、外発的動機づけを外的調整、取り入れ的調整、同一化的調整、統合的調整の4つへと分類し、まったく動機づけのない状態（無動機づけ）から4つの外発的動機づけを経て内発的動機づけに至る連続体である（図10-1）としました。内発的動機づけに近づくほど自律性（自己決定度）が高くなり、他者などの外的な力によりコントロールされるのではなく、より主体的に行動を決定することができるようになります。デシとライアンはとくに、内

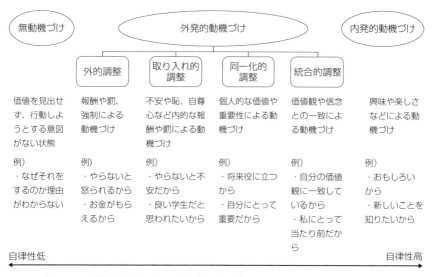

図10-1　自己決定理論による動機づけの細分化（Ryan & Deci, 2000をもとに作成）

第1節　動機づけとは

発的動機づけ、統合的調整、同一化的調整を**自律的動機づけ**と呼び、外的調整、取り入れ的調整を**統制的動機づけ**と呼びました。自律的動機づけは統制的動機づけに比べて、成績や成果などのパフォーマンスにおいても精神的健康面においてもよい結果が示されています。

　以上より、楽しいからという内発的動機づけで行動する以外にも、役に立つからや将来のため、自分の価値観に一致しているからなどのように主体性を伴う自律的動機づけによって行動することも望ましい結果と結びつくと言えます。

第2節　動機づけが低下する時

（1）内発的動機づけに物的報酬を与える時

　ご褒美を与えることは学習理論（第7章参照）で学んだように効果をもたらすことが多いですが、内発的動機づけで行動している際には注意が必要です。内発的動機づけによって自発的に行っている活動に対して、くり返し物質的な報酬を与えたり、物質的な報酬を与えることを事前に予告したりしてしまうと、報酬が得られなくなった後には以前のように行動しなくなってしまう、すなわち内発的動機づけが低下してしまうことが複数の研究者によって明らかにされています。これを**アンダーマイニング効果**といいます。したがって、誰かが内発的動機づけによって行動している場合には、褒めるなどの言語による報酬を与えるか、静かに見守っておくのが望ましい対応といえるでしょう。

（2）行動が望む結果をもたらさない時

　いくら勉強しても良い点が取れない、どれだけ努力しても問題を解決することができないなどのように、自身の行動と望む結果が結びつかない状況（非随伴的状況）に置かれると、「何をしてもきっとだめだ」という無力感が生じてしまうことがあります。これを**学習性無力感**といいます。そして、一度学習性無力感が生じてしまうと、環境が変化して行動すれば良い結果が得られる状況（随伴的状況）に置かれたとしても、無力感により行動できなくなってしまうこ

とが知られています。

　セリグマン（Seligman, M. E. P.）は、犬をハンモックで吊るし、電気ショックをくり返し与える実験を行いました。その際に犬は、以下の3群に分けられました。鼻先のパネルを押せば電気ショックが止まる群（逃避可能群）、どのような行動を起こしても電気ショックが止まらない群（逃避不能群）、そもそも電気ショックを与えない群（統制群）の3群です。なお、電気ショックを与える2群での電気ショック量は同じでした。この先行処置を受けた後、犬たちは新しい部屋に連れて行かれ、合図の後に床から電気ショックを与えられました。ただし先行処置とは違い、合図を参考にしてつい立てを飛び越えさえすれば電気ショックから逃れることができます。さて各群の犬たちはどのような反応を示したのでしょうか。結果は、統制群と逃避可能群の犬はつい立てを飛び越えることができるようになりましたが、逃避不能群の犬はつい立てを飛び越えることができず、ただその場にうずくまってしまう行動が観察されました。

　このセリグマンの実験のように、人間においても、いくら行動しても望んだ結果と結びつかない非随伴的状況が続いてしまうと、学習性無力感に陥って無気力になってしまうと考えられます。学習性無力感は、学業不振や不登校、うつ病などの問題の一部を説明することができるといわれています。

（3）内的・安定的・全般的な原因に帰属する時

　一方で、行動によって望む結果が得られないとすぐに諦めてしまう人もいれば、簡単にはへこたれず努力を続けられる人がいます。この違いについて、結果が生じた原因を何に帰属させるか（求めるか）という原因帰属から説明することができます。**原因帰属**には3つの次元があるとされます。1つ目は「内的－外的」という次元であり、原因を自分自身に帰属させるか、自分以外の要因に帰属させるかという次元です。2つ目は「安定的－変動的」という次元であり、原因を時間が経過しても変化しにくい安定的な要因に帰属させるか、変化しうる変動的な要因に帰属させるかという次元です。3つ目は「全般的－特殊的」という次元であり、原因をさまざまな領域に当てはまる全般的な要因に帰

属させるか、一部の領域にのみあてはまる要因に帰属させるかという次元です。具体的な原因帰属の例は表 10-1 の通りです。

表 10-1　成績が振るわなかった時の原因帰属の例（加藤, 2010 を改変）

次元	内的		外的	
	安定的	変動的	安定的	変動的
全般的	知能が低い 自分は勉強に向いていない	体調が悪かった 努力が足りなかった 勉強法が悪かった	ペーパーテストでは私の学力を測定できない	仏滅だった 運が悪かった
特殊的	その教科は不得意だ	その問題だけ勉強していなかった（ヤマが外れた）	試験会場では実力を発揮できない（塾では実力を発揮できる）	隣の人が気になって集中できなかった テスト問題が悪かった

どのような原因帰属を行いやすいかという個人の傾向は**帰属スタイル**と呼ばれますが、否定的な出来事を「内的・安定的・全般的」な原因に帰属しやすい帰属スタイルをもつと、抑うつや精神的不健康につながりやすくなることが知られています。したがって、テストや試合などで失敗してしまったとしても、知能や能力などに帰属せず、努力ややり方などの内的であっても変動的な原因に帰属することが望ましいと考えられます。

第3節　動機づけを高める教育実践

では、やる気が出ない児童生徒を支援するにはどうしたら良いでしょうか。以下では3つの方法に絞って紹介したいと思います。

（1）再帰属訓練

第2節で述べた学習性無力感に陥ってしまった場合の対処法について、ドゥエック（Dweck, C. S.）による**再帰属訓練**を紹介します。ドゥエックは、算数が苦手で無気力に陥っていると考えられる8〜13歳の子どもを集め、1日あたり15回の算数の問題練習（なるべく多くの問題を解くよう指示）を25日間続けて

もらいました。その際に半数の子どもたちは、達成基準をやや低めに設定し、毎回成功できるようにしました（成功のみ群）。もう半数の子どもたちは、一部の達成基準をやや高めに設定することで15回中2〜3回は失敗するようにしました。そして、失敗する度に「頑張りが足りなかった」と伝えることで、努力へ原因帰属させるよう声掛けを行いました（再帰属群）。

　訓練前、訓練中、訓練後の3回にわたり、算数のテストを実施したところ、難しい問題に不正解した後に明らかな違いが表れました。成功のみ群の子どもたちは難しい問題に直面し不正解すると、その後の問題の正答率が不正解前に比べ下がってしまいましたが、再帰属群の子どもたちは難しい問題に不正解した後も正答率は低下せず、これまでと同様の実力を発揮することができました。すなわち、再帰属群では訓練を通して「失敗してもまた頑張ればよい」ことを学び、あきらめずに取り組む力を獲得できたものと考えられます。この実験は、学習性無力感を脱出する方法を教えると同時に、失敗経験の大切さと望ましい原因に帰属させることの大切さを教えてくれるでしょう。

（2）基本的心理欲求の充足

　デシとライアンは自己決定理論（第1節参照）において、人間には**自律性への欲求、有能感への欲求、関係性への欲求**の3つの基本的心理欲求があり、これらの欲求を充足させることで望ましい動機づけが高まるとしました。自律性への欲求とは、自分の行動は自分で決定し自発的に行動したいという欲求を指します。有能感への欲求とは、周囲の環境と効果的に関わりあいながら自分の能力を表現したいという欲求を指します。関係性への欲求とは、支持的な対人関係を形成し、人とのつながりを感じたいという欲求を指します。これらの基本的心理欲求の充足を支援する行動と阻害する行動については、表10-2の通りです。教師や親をはじめとした周囲の他者が、阻害する行動を避け、支援する行動をとることで子どもたちの望ましい動機づけを高めることができるといえます。

表 10-2　基本的心理欲求を支援・阻害する行動の例 （肖・外山，2020 を参考に作成）

	支援行動	阻害行動
自律性	・本人の好きなように選択させる ・本人の判断を支持する	・自分のやり方でやるようプレッシャーを与える ・自分の意見を押しつける
有能感	・物事を成し遂げる力があることを伝える ・スキルを改善できるよう促す	・能力がないというメッセージを伝える ・失敗するだろうと指摘する
関係性	・本人が行うことに関心をもっている ・一緒にいることを素直に楽しむ	・落ち込んでいるときに慰めない ・一緒に過ごしていてもよそよそしい

（3）教室の目標構造

　教室や学級の風土によって動機づけが左右されることもあるでしょう。本項では、どのような目標が教室や学級内で大切だと強調されているかという**目標構造**を紹介します。目標構造には以下の２種類があるとされます。**熟達目標構造**は、個人内での成長や課題の熟達を軸とした目標構造であり、学習内容をきちんと理解することや課題に一所懸命取り組むことが重要であると学級の成員に認知されている状態を指します。たとえば、テストで良い点をとることよりも頑張って勉強することが重視されていたり、間違いや失敗も勉強のうちだと考えられていたりする学級などが例にあげられます。一方**遂行目標構造**は、他者との比較を軸とした目標構造であり、優れた成績を収めることや他者に勝つことが重要であると学級の成員に認知されている状態を指します。たとえば、成績が良いか悪いかということが重要であったり、成績の良い子が褒められたり、テストの点数だけで成績が決まったりする学級などが例にあげられます。

　熟達目標構造は内発的動機づけや深い学習方略、学業成績の高さ、自己効力感などと関連するのに対して、遂行目標構造は浅い学習方略や挑戦の回避、不安の高さ、問題行動などと関連することが明らかとなっています。

　以上より、教師は授業や普段の発言などを通して、この学級が熟達目標構造であることを児童生徒に示していくことが重要となるでしょう。

第4節　動機づけをみずから高めてコントロールする

　最後に個人がみずから動機づけを高める方法について紹介します。中央教育審議会（2003）の答申では、「自ら学び、自ら考え、主体的に判断し、行動し、よりよく問題を解決する資質や能力」を教育に求められるものの1つとしてあげています。このように、学習者がみずから目標を立て、それに向かって主体的に行っていく学習は**自己調整学習**と呼ばれ、近年注目されています。自己調整学習では、**メタ認知**（第8章参照）、動機づけ、行動をうまく調整することが求められます。ジマーマン（Zimmerman, B. J.）は、自己調整学習のプロセスを予見（学習前の下準備）、活動のコントロール（学習中に起こる）、内省（学習後のふり返り）で構成される循環プロセス（図10-2参照）としました。これはビジネスにおいて知られる「Plan-Do-See サイクル」を学習に適用したものと考えることができます。予見の段階では、興味や**自己効力感**（その行為をうまくできるという自信をもつこと）をもとに目標を設定したり、学習や学習方略に関する計画を立てたり（プランニング）します。次に活動のコントロール段階では、メタ認知をはたらかせて自分の理解状態をチェック（モニタリング）したり、学習の進行具合に合わせて行動をコントロールし、注意を集中させたり、時には自分が教師になったように自身を指導したり（自己教示）します。続いて内省の段階で

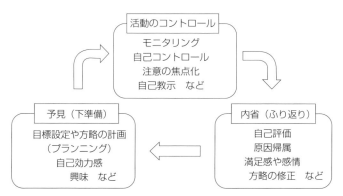

図10-2　**自己調整学習における学習プロセス**（伊藤，2009をもとに作成）

は、活動をふり返って自己評価したり、得られた結果の原因を分析したり、満足感を感じたりしながら、次の活動に向けて方略の修正を行ったりします。そして、内省をもとに次の活動を予見するという学習の循環が起こるとされています。

表 10-3　有効な動機づけ調整方略の例 (梅本・田中, 2012、湯・外山, 2019 より抜粋)

梅本・田中 (2012)	興味高揚方略	身近な話題に置き換えて考えてみる 絵や図などを入れてノートの書き方を工夫する
	価値づけ方略	勉強の内容が将来の役に立つと考える 頑張って勉強している人を見る
	達成想像方略	勉強が終わった後のことを考える 勉強をやり遂げた時の達成感を考える
	環境調整方略	自分の好きな場所で勉強をする 部屋を勉強に集中できる環境にする
	認知変容方略	今やっている勉強は簡単だと考える 今の勉強よりも将来はもっと大変なことがあると自分に言い聞かせる
湯・外山 (2019)	自己報酬方略	終わった後の自分へのご褒美を考える 終わった後にやりたいことをすると決める
	義務強調方略	やらなければいけないという責任感を持つようにする やらないと大変なことになるという危機感を持つようにする
	自己効力感高揚方略	自分にはできると思い込む 自分の今までの経験を振り返り、できると暗示する

とくに自己調整学習のなかでも「やる気になるためにみずからご褒美を用意する」などのように、動機づけを自分自身で調整しようとする方法を**動機づけ調整方略**といいます。表 10-3 の通り、梅本・田中 (2012) は 5 つの動機づけ調整方略の有効性を、湯・外山 (2019) は主に 3 つの動機づけ調整方略の有効性を確認していますので、ぜひ読者のみなさんも参考にして、活用してみてください。

（倉住　友恵）

〈引用・参考文献〉

中央教育審議会　2003　初等中等教育における当面の教育課程及び指導の充実・改善方策について（答申）

伊藤崇達　2009　自己調整学習の成立過程——学習方略と動機づけの役割——　北大路書房

鹿毛雅治　2013　学習意欲の理論——動機づけの教育心理学——　金子書房

加藤司　2010　やる気を失うという現象　伊藤崇達（編）やる気を育む心理学　改訂版　北樹出版　pp.130-151

Ryan, R. M., & Deci, E. L.　2000　Self-determination theory and the facilitation of intrinsic motivation, social development, and well-being. *American Psychologist*, 55, 68-78.

肖雨知・外山美樹　2020　日本語版欲求支援・阻害行動尺度（IBQ-J）の開発　心理学研究, 90, 581-591.

湯立・外山美樹　2019　動機づけ理論に基づく動機づけ調整方略尺度の作成　パーソナリティ研究, 28, 182-185.

梅本貴豊・田中健史朗　2012　大学生における動機づけ調整方略　パーソナリティ研究　21, 138-151.

〈読者のための読書案内〉

伊藤崇達（編）『やる気を育む心理学　改訂版』北樹出版、2010 年：動機づけについて書かれた初学者向けの 1 冊です。諸理論について網羅的でありながらも丁寧に解説されています。

櫻井茂男『動機づけ研究の理論と応用——個を活かしながら社会とつながる』金子書房、2024 年：自己決定理論を中心に各動機づけ理論について書かれた専門書です。大変読みやすいため、動機づけについてさらに知りたい人にお薦めの本です。

鹿毛雅治『学習意欲の理論——動機づけの教育心理学』金子書房、2013 年：動機づけに関するより本格的な専門書です。あらゆる理論について大変詳しく解説されています。専門的に深く学びたい人にお薦めの 1 冊です。

現場教師からのメッセージ10: 子どもの心に火をつける教師

「凡庸な教師は、ただしゃべる。良い教師は、説明する。優れた教師は、みずからやってみせる。そして、偉大な教師は、心に火をつける。」

　アメリカの教育者、ウィリアム・ウォードの言葉です。ここでいう、子どもの心に火をつける偉大な教師こそが、子どものやる気を引き出すことのできる、動機づけに長けた教師ということになるでしょうか。

　動機づけのなかでも、子どもがみずから取り組むような内発的な側面が重要であることはいうまでもありません。しかしながら、これは理想であり、最初から実現するのはなかなか難しいものです。内なるモチベーションを誘発するために、まずは、教師が子どもたちに外発的に働きかけることが効果的であるといえるでしょう。

　学習面で子どもたちのやる気を引き出すためには、ゲーム感覚で取り組むことができるように工夫することも有効です。たとえば、6年生の歴史学習では、人物の名前と出来事とを関連させて覚えることは容易いことではありません。ですがフラッシュカードにしてしまえば、子どもたちは前のめりになって取り組みます。個人戦、グループ戦など友だちと協力したり競ったりすれば、子どもたちはさらに熱中します。継続的に行っていると、そのうち子どもたち同士でも休み時間に行うようになります。

　生活面では、教師がモデルを示すことが子どもたちの動機づけにつながることもあります。自分からあいさつをする、廊下に落ちているごみを拾う、休み時間に外で遊ぶ、進んで食べる、……、子どもたちに身につけてほしい力を言葉で伝えるだけでなく、教師がみずから率先して行うようにするのです。その上で、できている子どもを見かけたら、きちんとほめることが重要です。ほめ方についても、子どもの特性やその時の状況を考えて複数のバリエーションをもっておきたいものです。まわりにほかの子がいない状況でほめる、あえて全員の前でほめる、クラス全体が静かに学習に取り組んでいる時に廊下で小さな声でほめる、専科の先生など第三者の声を活かしながらほめるなど、ほめ方を工夫する余地はたくさんあります。ほめるを超えて「勇気づける」ことができれば、言うことなしです。

　学習面でも生活面でも、がんばりを可視化することで子どもたちのやる気を高めるのも効果的です。シールを使う先生が非常に多いことからも、その効果は周知の事実といえるでしょう。注意すべきは、最終的にはシールをやめていく構想をもつことです。主体的に行うことが目的ではなく、シールをもらうことが目的になってしまう危険性があるからです。

（一色　翼）

教授法

第1節 さまざまな授業形態

　読者のみなさんは、これまで児童生徒という立場から、さまざまな授業を経験してきたことでしょう。ここでは、授業形態に関する基本的な分類を紹介します。これらの手法は、教師の目的や児童生徒の状況に応じて使い分け、うまく組みあわせることが重要であるとされています。

　①**一斉指導**は、すべての児童生徒が同じ学習内容を学ぶ授業形態です。教師は1つのトピックについてすべての児童生徒に対して同時に教えます。この形態は、基本的事項を効率的に伝えるのに有効とされています。

　②**個別指導**は、児童生徒一人ひとりの学習のペースや理解度に合わせて指導を行う形態です。児童生徒のつまずきや状況に応じて指導方法を柔軟に変化させやすいということが利点としてあげられます。

　③**協同学習**（グループ学習）は、児童生徒が数名程度の小グループを作り、同じ課題をクリアするという共通目標のもと、協力して問題の解決を試みる方法です。教師は児童生徒同士による学びを支援する役割に徹します。

　④**習熟度別指導**は、児童生徒の理解度や到達度に応じて異なる指導を行う方法です。複数のクラスを理解度や到達度に応じて異なるクラスに再割当し、それぞれのクラスを異なる教師が指導するという方法がよく用いられます。

　⑤**チームティーチング**は、複数の教師が協力して授業を行う方法です。英語教育における日本人教師と目標言語話者であるアシスタントランゲージティーチャー（Assistant Language Teacher: ALT）によるものが代表的です。

第2節 教授と学習に対する心理学の考え方

　心理学には、学習がどのように成立するのかという点について議論してきた歴史があり、こうした学習に対するとらえ方は**学習観**と呼ばれています。学習観には、大きく分けて以下の3つのものがあります。

　第1に、**行動主義**の学習観です。行動主義とは、客観的に観察できる行動を対象として、学習のメカニズムを説明しようとする学習観です。行動主義は、とくに刺激の反応の連合から学習をとらえるため、連合主義とも呼ばれています。行動主義における学習原理の土台には、第7章で取り上げられた**レスポンデント条件付け**（古典的条件付け）や**オペラント条件付け**（道具的条件付け）があります。学習に影響する要因としては、反復練習による行動の獲得と定着や、報酬と罰による行動の強化や消去が想定されています。

　第2に、**認知主義**の学習観です。認知主義とは、学習を新しい知識の獲得やすでにある知識の再構成ととらえる学習観です。認知主義では、新しい情報をまとまりのあるように分類・整理するという**体制化**、情報をつけ足して内容を豊かなものにするという**精緻化**、試行錯誤しながらじっくりと考えるという**問題解決**、身近なものにたとえて考えるという**アナロジー**が主なアプローチとされています。どのアプローチも、既有知識と新しい知識を効率的に統合しようとする点で共通しています。

　第3に、**状況主義**の学習観です。状況主義とは、学習者が各自の所属する共同体に参加し、そこでの実践を通して共同体への参加が十分にできるようになることを学習ととらえる学習観です。たとえば、算数における「100－60＝40」という引き算を授業の場面で解けたとしても、実際の買い物で60円の鉛筆を100円で買った時のおつりを計算できるとは限りません。このように実際に知識を用いて共同体に参加できるようになることを状況主義では重視します。

　状況主義の提唱者であるレイヴとウェンガー（Lave, J. & Wenger E.）は、**正統的周辺参加**という考え方を提案しました。正統的周辺参加とは、徒弟制度に基

づく知識と技能の伝承にみられるような、学習者が共同体の新参者として重要性が低く周辺的な業務を担当することから始め、技能の熟達につれ、より重要で中心的で業務を担当する参加者へと変化するようになる過程を指します。この発想を学校教育場面に認知的な学びに発展させたものとして、コリンズ（Collins, A.）による**認知的徒弟制**があります。認知的徒弟制には、①児童生徒が教師などの熟達者の技能に観察し、まねをする（モデリング）、②教師が児童生徒の取り組みを観察し、支援や助言を与える（コーチング）、③教師が児童生徒に支援を与え、熟達の程度に応じて徐々に支援を減らしていく（足場がけと足場外し）、④児童生徒が、理由や知識、問題解決の方法など説明する（明瞭な表現）、⑤児童生徒が問題解決の方法などをほかの児童生徒や教師の例などと比較する（反省）、⑥児童生徒が自分自身で問題を設定して、問題に取り組み解決する（探索）、という6つのステップがあるとされています。

第3節　心理学の考え方に基づく教授法の種類

　ここまで紹介した学習観に基づき、教育心理学ではさまざまな教授法が提案されています。それにはどのようなものがあるでしょうか。

（1）行動主義に基づく学習方法

　行動主義に基づく学習方法としては、**プログラム学習**や**完全習得学習**（マスタリーラーニング）が代表的です。プログラム学習とは、細分化された学習内容を系列化し、学習者の積極的反応を強化しながら、学習の目標に到達できるように設計された学習方法を指し、スキナー（Skinner, B. F.）が提案しました（Skinner, 1958）。プログラム学習では、スモール・ステップの原理、積極的反応の原理、即時フィードバックの原理を基盤として、学習内容に関わる課題群を目標到達までの全体構造に従って細分化して系統的に配列します。そして、その系統的な課題群に解答しながら、徐々に学習目標に到達するというものです。そして、この過程は**ティーチング・マシン**という装置によって行われます。プ

ログラム学習を整備したものとして、コンピュータ支援教育があげられます。

一方、ブルーム（Bloom, J. S.）によると、完全習得学習は、フィードバックや修正の手順を補足した教室における授業とされています。完全習得学習は、キャロル（Caroll, J. A.）による**学校学習モデル**（**時間モデル**）に基づき、以下の式のように、児童生徒の学習の程度には個人差があり、一定のレベルに到達するために必要な学習時間は学習者によって異なることを想定します。

$$学習の程度 = f \frac{実際に学習に費やした時間}{学習に要する時間}$$

その上で、教師が指導のペースを決めるとともに、教師自身が児童生徒にフィードバックを与えたり誤りの修正を行ったりします。学習内容はできるだけ細分化され、細分化された段階ごとに目標や評価があり、各段階の診断テストを通して教師は学習者の状況を把握します。そして、その過程において形成的テストを行い、その結果に基づいて補習的な指導を教師が行うという流れが想定されています。

（2）認知主義に基づく学習方法

認知主義に基づく教授法として代表的なのが**発見学習**と**有意味受容学習**です。発見学習とは、ブルーナー（Bruner, J. S.）によって提唱された、問題の解決において、観察や実験を通じて児童生徒がみずから重要な点を発見し、習得することを意図した学習方法です。発見学習は主に、①学習課題の把握、②仮説の設定、③仮説の練り上げ、④仮説の検証、⑤結果と考察による発展とまとめ、というステップから構成されます。発見学習には特定の仮説を検証するステップが含まれることが多く、仮説を実験的に検討するタイプの授業はとくに**仮説実験授業**と呼ばれます。

有意味受容学習とは、オーズベル（Ausubel, D. P.）によって提唱された、新しく学ぶ学習内容の総括的な情報を学習者側に事前に与え、その知識と学習内容を関連づけて学習する方法です。有意味受容学習では、**先行オーガナイザー**が重視されます。先行オーガナイザーとは、新しい知識獲得を効率化する、簡

表 11-1　先行オーガナイザーの例（Bransford & Johnson, 1972 の実験の文章を翻訳した服部・小島・北神, 2015 を一部改変）

> 手順は実に簡単である。まず、ものをいくつかの山に分ける。もちろん、全体の量によっては、ひとかたまりのままでよい。大事なことは、1回にあまり多くやらないことである。1回に多くやりすぎるよりも、少なすぎると思われるぐらいのほうがよい。目先のことだけを考えると、このような点に注意する重要性はわからないかもしれないが、そうしないと、面倒なことになってしまう。失敗によって、お金がかかることもある。最初、手順全体はややこしいように思われるかもしれないが、すぐにこれも生活の一部に過ぎなくなるはずである。近い将来に、この作業の必要性がなくなるとは考えにくいが、かといって、どうなるかは誰にもわからない。手順がすべて終わると、再びものを整理して、決められた場所にしまう。やがてそれらは再び使用され、そしてまた同じサイクルが繰り返される。なんといってもこれは生活の一部なのである。

単な事前情報のことを指します。新聞の見出しや本のタイトルが代表例で、読者はそれを先に見ることによって記事や本の内容の大まかなイメージがつかみやすくなります。ブランフォードとジョンソン（Bransford, J. D. & Johnson, M. K.）は、表11-1の文章を用いた実験を行いました。この文章は、抽象的な記され方がされており、それだけでは何の説明か理解されにくいです。しかし、もし冒頭に「これは洗濯に関する文章です」という事前情報が提示されているとどうでしょうか。すると、おそらく多くの人がこの文章の内容を容易にわかるはずです。この事前情報が先行オーガナイザーとして機能し、読み手の理解を促進したと解釈できます。

（3）状況主義に基づく学習方法

　状況主義に基づく学習方法には、冒頭の項で紹介した協同学習があげられます。それは、協同学習という営み自体が、学習者がほかの学習者と学ぶという状況に参加するという構造をもっているためです。

　協同学習の成功のための条件として、ジョンソンら（Johnson, Johnson, & Holubec）は、①構成員自身による互恵的関係への自覚、②個人の集団の目標に対する責任の自覚、③活発な相互作用、④対人面や集団運営面のスキルの発揮、⑤活動の結果の評価と改善の5つをあげています。また、町・中谷（2013）は、協同学習での学習者同士の相互作用に影響を与える構成員の個人差として、協

同学習への参加態度、学習課題・学力差、グループ成員の個人特性、地位特性といった要因をあげています。

　ここから、協同学習の代表的な学習方法を紹介します。まず、**バズ学習**です。バズ学習とは、小グループを作り、一定時間のあいだ学習者に特定のトピックについてグループでの話しあいを行わせるというものです。バズは虫の羽音を指す言葉で、各グループでの発話が虫の羽音のように聞こえるため、このような名前がつけられています。バズ学習では、話しあいが自由に展開されるため、その効果は児童生徒の個人差に左右されやすいといえます。たとえば、トピックに詳しい児童生徒や対人的スキルの高い児童生徒は積極的に話しあいに参加して学習成果を高めやすい反面、こうした部分に困難さのある児童生徒にとっては、話しあいにつまずきが生じて成果を得ることが難しいかもしれません。

　次に、**ジグソー学習**です。ジグソー学習は、図 11-1 のように、もとの小グループとは異なるグループ（カウンターパートセッション）で、そのグループ独自の課題について学習し、そのグループで学習したことをもとの小グループで話しあうという学習方法です。一般的に、構成員間の知識量に差があると、話しあいでの発話量に偏りが生じやすいことが考えられます。ジグソー学習では、カウンターパートセッションで独自の課題に取り組むことによって知識面の

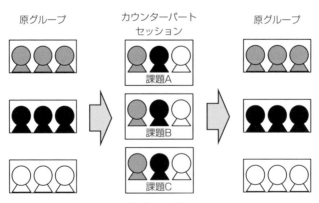

図 11-1　ジグソー学習の流れの例

ギャップをあえて作り出すことで、それぞれが取り組んだ課題に関する知識がほかの構成員よりも豊富になり、そのトピックについて自信をもって説明できるようなしくみになっています。

最後に、**相互教授法**です。相互教授法とは、教師に援助されながら、学習者が交替で要約、質問、明確化、予測を行いながら、説明方略を獲得する学習方法です。説明者役の児童生徒は、自分の考えを相手に説明することを重視し、聞き手役の児童生徒は、相手の説明がより詳しくなるような質問をすることを重視するよう促されます。自由に話しあうという状況では対人面に困難さを抱える児童生徒は積極的に発言することが難しいかもしれませんが、相互教授法によって明確に説明者役や聞き手役という役割が与えられることによって、自身の役割に徹するなかで話しあいが成功する可能性が高くなります。このように、話しあいにおける手順の提示や役割付与により、グループ学習の過程を進行させるような教師の方略のことを**話しあいの構造化**といいます。

第4節　教授と学習における個人差

ここまで、教授と学習に対する心理学の考え方やそれに基づく学習方法について紹介してきましたが、ある教授法を行った時、すべての児童生徒に対して同じような効果が現れるわけではありません。そこには、教授法の効果を変化させる児童生徒のさまざまな個人差があり、各児童生徒に得意な認知的な処理や効果的となる教授法が異なることがあると知られています。

(1) 適性処遇交互作用

クロンバック（Clonbach, L. J.）は、学習者側の個人差と教授法の組み合わせによって学習成果が変化するという関係性のことを、**適性処遇交互作用**と呼びました。適性とは学習者側の個人差を指し、処遇とは学習者に施される教授法を指します。適性処遇交互作用に関する代表的な研究として、**スノー**ら（Snow, R. E. et al.）による実験があります。その実験では、映像による授業を受

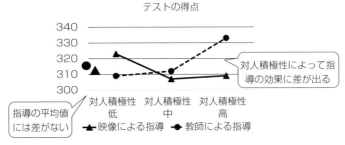

図11-2 対人積極性と授業の形式の適性処遇交互作用 (Snow et al., 1965 をもとに作成。グラフ左側の図形は各指導法の平均値を指す。)

けるグループと教師による授業を受けるグループに学生を分け、試験での成績を比較しました（図11-2）。その結果、教授法に基づく2つのグループのあいだには顕著な得点差はみられませんでした。しかし、学生の適性である対人積極性の程度に基づいて学生をさらに分類して成績を示したところ、対人積極性の低い学生においては映像による授業を受けた学生の得点の方が高く、対人積極性の高い学生においては教師による授業を受けた学生の得点の方が高いことが示されました。すなわち、学生の対人積極性の高さによって効果的となる授業形式が異なっていました。

（2）さまざまな適性要因

ここで、学習者側の適性要因に関する代表的な分類をみていきましょう。まずは、**認知スタイル**があげられます。認知スタイルとは、情報処理や判断における個人差を指します。ケイガンら（Kagan, J. et al.）は、複数の類似した絵の群からターゲットの絵と同一の絵を探すという課題を通して、解答は速いが正確さに欠ける**衝動型**と、解答に時間がかかるが正確さに長ける**熟慮型**という2つのタイプがあることを提案しました。また、**ウィトキン**ら（Witkin, H. A. et al.）は、複雑な図形のなかに隠れている特定の図形を探し出すという課題を通して、情報処理において周囲の情報の影響を受けやすいかどうかという観点から、**場依存型**と**場独立型**という2つのタイプがあることを提案しました。場依

存型は対象を文脈を含めた全体として認識する傾向が強いタイプを指し、場独立型は対象を文脈から離して認識する傾向が強いタイプを指します。

次に、学習課題への取り組み方にみられる個人差である**学習スタイル**があげられます。学習スタイルは主に、分析的かつ統合的に情報を処理しようとする**深いタイプ**、全体的で場依存的な思考を行って現実世界における具体的な事例を利用しようとする**精緻なタイプ**、学習内容をそのまま機械的にくり返して定着させようとする**浅いタイプ**の3つに分類されます。

最後に、考え方の好みにおける個人差である**思考スタイル**があげられます。スタンバーグ（Sternberg, R. J.）によると、思考スタイルには、1つのことに専念する**単独型**、優先順位を決めて取り組む**序列型**、複数の課題に同時に取り組む**並列型**、複数の課題に無作為に取り組む**任意型**、の4つがあるとされています。

（3）適性処遇交互作用と授業の実践

適性処遇交互作用の発想に基づくと、教師には適性と処遇の双方の観点から教授法が学習成果に与える効果をとらえられる必要があります。奈須（2022）によると、教師はこれらの視点を日常的に用いている一方で、両者を同時に組み合わせて用いることは稀であることが指摘されています。たとえば、自分のクラスの生徒のテストの結果がよかった時に、「私の教え方がよかった」と考えるのは処遇の観点によるもので、「私のクラスの生徒はまじめだから」と考えるのは適性の観点によるものです。その一方で、「私の教え方はまじめな生徒には効果的であった（と同時に、まじめでない生徒には効果的でない可能性がある）」という適性と処遇の両視点をふまえたとらえ方はあまりなされません。実際に、図11-2の例に表されるように、もし教師が児童生徒の適性によって得手不得手が分かれるような教え方（処遇）をしていても、処遇の観点だけに基づいて教え方の効果を比較すると、そこには差がないようにみえ（図11-2左側の丸印と三角印）、児童生徒の適性によって得手不得手が分かれるような教え方をしていることに気づかない可能性があります。このように、常に両視点か

ら教授と学習をとらえる習慣があることで、クラスの児童生徒の個性をふまえた上でより効果的な教授法を考案したり、自身の教授法の効果について児童生徒の適性という観点から分析したりすることが可能になることでしょう。

（赤松　大輔）

〈引用・参考文献〉

Bransford, J. D., & Johnson, M. K.　1972　Contextual prerequisites for understanding: Some investigations of comprehension and recall. *Journal of Verbal Learning and Verbal Behavior*, 11, 717-726.

服部雅史・小島治幸・北神慎司　2015　基礎から学ぶ認知心理学——人間の認識の不思議——　有斐閣

町岳・中谷素之　2013　協同学習における相互作用の規定因とその促進方略に関する研究の動向　名古屋大学大学院教育発達科学研究科紀要（心理発達科学），60, 83-93.

奈須正裕　2022　個別最適な学びの足場を組む．教育開発研究所

Skinner, B. F.　1958　Teaching Machines: From the experimental study of learning come devices which arrange optimal conditions for self-instruction. *Science*, 128, 969-977.

Snow, R. E., Tiffin, J., & Seibert, W. F.　1965　Individual differences and instructional film effects. *Journal of Educational Psychology*, 56, 315-326.

〈読者のための読書案内〉

Hattie, J. 山森光陽（監訳）『教育の効果——メタ分析による学力に影響を与える要因の効果の可視化』図書文化社、2018年：教授法や学習者要因に関する過去の研究成果を統合して、その効果について詳細に分析されています。

市川伸一（編）『教育心理学の実践ベース・アプローチ——実践しつつ研究を創出する』東京大学出版会、2019年：教授と学習に関する具体的な研究や教育心理学者が教育実践とかかわる上でのポイントが紹介されています。

自己調整学習研究会（監修）岡田涼・中谷素之・伊藤崇達・塚野州一（編）『自ら学び考える子どもを育てる教育の方法と技術』北大路書房、2016年：学習者が自分自身の学びに積極的にはたらきかける自己調整学習という理論的枠組みに基づいて、さまざまな教授法について解説されています。

現場教師からのメッセージ 11： 変化の時代における学びの進化

　「個別最適な学び」の必要性が叫ばれるようになって、随分経過しました。これまでも子どもたち一人ひとりの学習状況に合わせて指導していくことの大切さはくり返し言及されてきましたが、30名以上の子どもたちを相手に学級担任1人で授業を展開していく一斉指導が前提となってさまざまな制度やしくみが整備されているわが国の教育現場においては、子どもたち一人ひとりの理解を深めていく指導（指導の個別化）や、一人ひとりの興味関心に合ったテーマを選択して学習を進めていく指導（学習の個性化）を実現させることは至難の業であったといえます。理念のすばらしさは理解しているものの、働き方の見直しが迫られているなかで効率が悪く、目に見える効果が必ず出るかといえばそうとも言い切れず、ならば一斉で指導してしまう方が……。そのような、先生方の心の声が聞こえてきそうです。

　しかしながら、予測困難な時代を迎えました。情報化やグローバル化の進展、人工知能の飛躍的な進化など、これまでの常識が簡単に覆される時代がやってきたのです。とくに、新型コロナウイルス感染症拡大による臨時休業を経験した先生ならおわかりかと思いますが、あのような未知の状況では、従来の一斉指導だけでは一人ひとりの学びを保障することはできませんでした。GIGAスクール構想により、一人一台端末と高速大容量通信ネットワーク環境の整備が実現した今ほど、子ども一人ひとりが主語となる「個別最適な学び」の実現に近づいている時代はないのではないかと思います。

　とはいえ、「個別最適な学び」という名のもとに、一人ひとりに個別の学習メニューを組めばそれで終わりというわけではありません。それでは「孤立した学び」となってしまいます。「個別最適な学び」と「協働的な学び」を一体的に充実させる必要があります。

　ここで橋渡し的な役割を果たすのが、教育心理学の知見ではないでしょうか。子どもたち同士の力を活用する協同学習、教師の力を結集させるチームティーチング、所属するコースを自己決定できる習熟度別指導……。教育心理学の世界では、いつの時代もよりよい指導法開発に向けた飽くなき挑戦が続けられてきました。GIGA時代の今だからこそ、これらの学習形態をアップデートさせる必要があります。学びの主導権を子どもたちに渡しつつ、令和の日本型学校教育を実現させる指導法のさらなる開発が、予測困難な時代の教育に携わるすべての者の手に委ねられているといえるでしょう。

（一色　翼）

教育評価

第1節　教育評価の基本

（1）教育評価の目的と重要性

教育評価は、**学習成果**を測定し、教育過程を効果的に調整するために不可欠な手段です。この評価を通じて、教育の質を確保し、向上させることができます。教育評価の主な目的は、以下の3つにまとめられます。

①学習成果の確認とフィードバック

学習者が目標とする学習成果にどの程度達しているかを評価し、その結果をもとに、学習者自身や教師が今後の学習方針を見直すための重要なフィードバックを行います。この評価を通じて、学習者はみずからの学習をふり返り、改善すべき点を特定できます。また、教師は学習者一人ひとりの理解度や進捗状況を把握し、より学習者の実態に応じた指導計画を立てることができるようになります。

②教育過程の改善

教育評価から得られる情報を用いて、教育計画の成果を検証し、教育課程や教授法を必要に応じて調整することができます。これにより、教育内容を常に改善し、より良い学習環境を作り出すことができるようになります。

③教育方針の策定と評価

学校などの教育機関が行う教育全体の効果を測定し、その結果をもとに教育方針を策定したり評価したりする際に役立てることができます。教育評価は、学校や教育機関が教育方針を策定する際に、その指針となります。たとえば、全国学力調査の結果をもとに、地域の教育水準を見直し、あらたな教育施策を導入することで、すべての学習者に対して公正な機会を与え、一貫した教育水準を保証する基盤として社会全体の教育の質の向上に役立てることができます。

教育評価の重要性は、これらの目的を達成し、教育が持続的に発展する過程を支える点にあります。したがって効果的な評価方法は、教育に関わるすべての人々にとって有益な情報をもたらし、一人ひとりの学習者がその能力を最大限に発揮できるよう支援します。

（2）評価の時期と種類

　教育評価は、実施時期と目的に応じて、以下の3つの種類に分類されます。これらの評価は、教育の各段階で学習者の成長を効果的に支援するための具体的な手段として活用されます。

①診断的評価

　教育の開始前や初期段階で実施され、学習者の基礎知識や技能を評価し、学習上の障害や必要な支援を特定する目的をもちます。この評価により、教師は各学習者の強みと弱点を把握し、それぞれの学習者にあった教育計画を立てることができます。

②形成的評価

　学習の過程で行われ、現在進行中の教育活動を見守り、必要に応じて調整を行います。この評価は、学習者が設定された学習目標に向かって順調に進んでいるかを確認し、その場でフィードバックを行うことで、学習者に自分の学習を修正する機会を与えます。

③総括的評価

　学習過程の終了時に行われ、学習者が設定された学習目標をどの程度達成したかを評価します。成績評価や卒業資格の判断、教育課程全体の効果を測定する手段として利用され、教育成果を保護者や進学先、教育委員会などに報告する際の根拠にもなります。

　これらの評価が相互に関連しあい、教育過程を通じて学習者の成長を支えることで、教育の質を継続的に向上させます。

（3）評価方法の選択

教育評価の効果は、適切な評価方法の選択に大きく影響を受けます。教育の目的にあわせてもっとも適した評価方法を選定することが、教育成果を高める鍵となります。以下の3つの評価方法が一般的に用いられます。

①目標準拠評価

学習者が特定の学習目標や基準にどれだけ達成しているかを評価します。具体的な技能や知識の習得度を明確に示すためにとくに効果的です。

②集団準拠評価

学習者を同年齢や同学習段階にある集団と比較する方法です。学習者の相対的な位置や順位を明らかにし、教育計画や学習環境の効果を評価するのに役立ちます。この方法は個別の学習進度を把握するのには向かないため、ほかの評価方法と併用することが推奨されます。

③多角的評価

異なる情報源や方法から資料を収集し、より広範な評価を目指す方法です。複数の評価手法を組みあわせることで、学習者の多様な学習方法や能力を公正に評価するのに非常に有効です。

これらの評価方法を適切に選択し適用することで、学習者の理解度や能力を評価する際の正確さを向上させ、教育の質を高めることができます。

第2節 評価技法とその応用

（1）評価手法の多様性

教育評価を効果的に行うためには、さまざまな評価手法を適切に活用することが重要です。以下では、教育における5つの代表的な評価手法を紹介し、それぞれの特長と具体的な使い方について説明します。

①ペーパーテスト

学習者の基本的な知識や理解度を測定するための評価手法です。この手法は客観的な基準に基づいて成果を評価し、大規模な集団に対して効率的に適用で

きる点が利点です。

②**観 察 記 録**

教室内外での学習者の行動や、友人とのやりとりといった社会的相互作用を観察し、非言語的コミュニケーションや行動の様子を評価する手法です。教師はこの手法を用いることで、学習者の日常的な様子を詳細に把握することが可能です。

③**パフォーマンス課題**

実際の問題解決や実践的な課題を通じて、学習者の応用力を評価します。この手法は実社会で役立つ力と理論的な知識の両方を評価することができ、現実世界の課題に対する解決力を確認するのに適しています。

④**ポートフォリオ**

学習者が長期間にわたって作成した作品や取り組んだ課題の成果を評価します。この手法では創造性、思考の進展、個々の学習の歩みを通じて、**学習者の成長**を総合的に評価することができます。

⑤**ルーブリック**

パフォーマンス課題やポートフォリオのような多面的な評価を行う際に、評価基準を明確にし、評価の基準が統一されているか、一貫しているか、また評価が公平で偏りがないかを確認します。ルーブリックは、主観的な評価を客観的な基準で補い、教師と学習者が評価をより理解しやすくする効果があります。

これらの評価手法を組みあわせることで、教師は学習者のさまざまな側面を幅広く理解し、より正確なフィードバックを伝えることが可能となります。

（２）評価プロセスの注意点

教育評価を行う際には、その効果を十分に発揮させるためにいくつかの重要な要素を考慮する必要があります。とくに、多面的評価、妥当性と信頼性、および評価手順の透明性（評価の基準や方法、結果が明確であること）は、公正で効果的な評価方法を構築する上で中心的な役割を果たします。

①多面的評価

学習者の能力を正確に把握するためには、1つの角度からではなく、複数の視点からの評価が重要です。ペーパーテスト、観察記録、パフォーマンス課題、ポートフォリオなどさまざまな形式の評価を組みあわせることで、学習者の異なる知識や技能を総合的に評価し、よりバランスのとれた教育成果の理解が可能となります。

②妥当性と信頼性

評価が教育目標に適切に対応しているかどうか（**妥当性**）と、一貫した結果をもたらすかどうか（信頼性）を保つことは、評価の過程において不可欠です。妥当性を保つためには、評価内容が教育目標と一致していることが必要です。信頼性は、同じ条件下でくり返される評価が一貫した結果をもたらすことで確認されます。

③評価手順の透明性

評価手順が透明であること、すなわち、評価の基準、方法、結果が明示されていることは、学習者と教師の信頼関係を築くために重要です。これらが明確であれば、学習者は自分の成績を理解し、必要な改善を行うことができます。

これらの要素に注意を払いながら評価方法を設計し実行することで、教師はより公平で効果的な学習評価を行うことができ、教育の成果を向上させることが期待されます。

（3）評価を行う主体

教育評価は複数の立場から行われ、それぞれが異なる視点から学習成果を評価することにより、学習者を総合的に理解し、その成長を支援します。

①自己評価

学習者自身による評価で、自分の学習成果や進み具合をふり返ります。この過程を通じて、学習者は自身の強みと弱点を理解し、自己改善に向けた具体的な行動計画を立てることができます。

②他者評価

教師やほかの教育関係者（たとえば、学校管理職、教育委員会の指導主事や校内の教科主任）、カウンセラーなどの専門家による評価で、外部からの客観的な視点で学習成果を評価します。他者評価は専門的な知識を活用して行われ、学習者の成果を教育における一般的な基準や、その分野における標準的な期待に照らして評価します。

③相互評価

学習者同士が互いの成果を評価する過程です。この方法は批判的な思考を促し、他者の視点を理解する能力を養います。相互評価を通じて、学習者は互いの取り組みに対するフィードバックを交換し、学習の場でのコミュニケーションと協力が促進されます。

④教師による評価

教師が主導する評価で、教育計画の目標に基づいて学習成果を評価します。教師による評価は、学習進度の把握や成績のつけ方（たとえば、試験や課題の得点、観察記録、ルーブリックを用いた評価基準に基づく総合的な判断）、教育方法の見直しに不可欠です。教師はこの評価を利用して、学習者に対して具体的な指導やフィードバックを行い、学習の質を向上させます。

これらの評価を行う人々が適切に役割を果たすことで、教育評価はより公正で効果的になり、学習者の総合的な成長を支援します。

第3節　実践的な評価とフィードバックの方法

(1) 能力評価の多面的な方法

教育評価の実践において、学習者の能力を多面的に把握し、総合的に評価する方法が求められます。以下は、能力を評価する主要な方法です。

①観点別到達度評価

この方法では、特定の学習目標に対する学習者の到達度を詳細に評価します。設定された学習目標に応じた具体的な観点から成果を評価し、学習者が目標を

どの程度達成しているかを明確に示します。

②パフォーマンス評価

　具体的な問題解決の課題への取り組み過程を通じて学習者の応用力を評価します。この方法は、理論的な知識とそれを実践的な場面で活用する能力を評価し、学習者の創造性、問題解決能力、協働する力などを確認します。さらに、実社会で役立つ力を見極めるため、現実世界の課題に対する解決力を評価します。たとえば、地域の環境問題を調査し、改善策を提案するプロジェクトを通じて、理論的な知識を実践に応用する能力を評価します。この手法は、学習者の多面的な能力を総合的に評価し、彼らの成長を支えることを目的としており重要です。

③ポートフォリオ評価

　学習者が一定期間にわたって作成した作品や課題を集めたポートフォリオを用いて、創造性、学習の進み具合、個々の学習過程を総合的に評価します。この手法により、ポートフォリオ評価を通じて長期的な学習成果と成長を追跡し、学習者自身が自己評価を行う機会をもつことができます。具体的には、学習者の創造的なアイディアや問題解決能力、取り組みの進行状況などを評価することができ、学習者の全体的な成長を把握することができます。**ポートフォリオ評価**は、学習者が自分の進歩を視覚的に確認し、次の学習目標を設定するための重要な手段となります。また、教師はこの評価を通じて、学習者の強みと改善点を明確に把握し、それぞれの学習者に応じた指導を行うことができます。

④ルーブリックを用いた評価

　ルーブリックは、評価の規準（のりじゅん）と基準（もとじゅん）を明確に定義して学習成果を評価する道具です。評価規準は、学習者のパフォーマンスを評価するための具体的な視点や観点を指します。一方、基準は、評価規準に基づいて学習者のパフォーマンスを評価するための具体的なレベルを示します。とくに、パフォーマンス評価やポートフォリオ評価などの複雑な評価形式に有効であり、たとえば同じ基準に基づいて異なる教師が評価しても、評価の結果が一貫性を保ち、公平に行われることが維持されます。ルーブリックを用いることで、教師は具体的なフィードバックを伝え、学習者は自身の成果を具体的な

基準に照らして評価することができます。

　これらの評価手法を組みあわせることで、教師は学習者の知識、技能、能力をより総合的に把握し、効果的な教育計画を立案し実行することが可能となります。また、各評価方法が互いに補いあうことで、教育の質を向上させるための有益な情報を教師や学習者、教育関係者に伝えることができます。

（2）効果的なフィードバックと評価の連携
　評価の過程で重要なのは、学習成果を評価するだけでなく、効果的なフィードバックを伝え、それを学習の過程に組み込むことです。評価とフィードバックの適切な連携は、学習者の意欲を向上させ、継続的な学びと成長を支援します。

①評価からフィードバックへの流れ
　評価結果をフィードバックとして活用する際には、具体的で明確、かつ前向きな情報が求められます。評価が示す数値や成績だけでなく、学習者が次の段階で改善できる具体的な方法や方策を示す必要があります。たとえば、ルーブリックを用いた評価では、各評価規準と基準に基づいた具体的なフィードバックを伝えることで、学習者は自己の成果を理解し、次に何を改善すべきかが明確になります。

②フィードバックのタイミングと方法
　フィードバックは、評価が行われた直後に行うことが効果的です。迅速なフィードバックにより、学習者は自身の学習行動をすぐに修正し、より効率的に学習目標に向かって取り組めるようになります。また、フィードバックは多様な形式で行われるべきで、口頭、書面、デジタル媒体など、学習者の必要性や状況にあわせた方法を選択することが重要です。

③フィードバックの受容性の向上
　学習者がフィードバックを受け入れ、それを活用するためには、安心して学べる支援的な環境を整えることが不可欠です。フィードバックは批判的であるよりも、励ましと支援を目的としたものであるべきです。そのような環境をつ

くることで、学習者は自己防衛的になることなく、積極的にフィードバックを自己改善に活用することができます。

評価とフィードバックの連携を強めることで、教師は学習者の成長を効果的に支援し、教育の成果を最大限に引き出すことが可能となります。この過程は、教育の質を継続的に向上させるための鍵となります。

（3）評価の倫理

評価の倫理は教育評価の実践において重要な要素であり、公平性、透明性、および評価バイアスの管理を含みます。これらの原則を守ることで、すべての学習者に対して公正な学習機会が与えられ、教育成果の正確さと**信頼性**が確保されます。

①公　平　性

評価の過程における**公平性**は、すべての学習者が平等に評価されることを保証します。そのため、評価の方法や手段は、学習者の文化的、言語的、背景などの違いが不利にならないように作成される必要があります。

②透　明　性

透明性は、評価の過程、基準、結果がすべての関係者（学習者、教師、保護者、学校の管理職など）にとって明確で理解しやすいことを確保します。透明性を高めるためには、評価の目的、使用される道具や手法、そして評価の結果がどのように活用されるかを学習者、教師、保護者、学校の管理職などの関係者と事前に共有することが重要です。

③評価バイアスの管理

評価の過程において、評価に携わる教師やほかの教育関係者、専門家の意識的または無意識的な先入観が評価結果に影響を与える可能性があります。以下はとくに注意すべき3つの主要なバイアスです。

①教師期待効果：教師がもつ学習者に対する期待が、学習者の成績に影響を与えることがあります。高い期待は学習者の成績向上を促し、低い期待はその逆の効果をもたらす可能性があります。

②確証バイアス：評価に携わる教師やほかの教育関係者、専門家が、みずからの信念や期待を裏づける情報に過剰に反応し、それに反する情報を無視する傾向です。これにより、評価が偏ったり、一貫性を欠く結果になったりすることがあります。

③ハロー効果：学習者の一部の印象的な特性が、そのほかの特性や能力の評価に影響を与える現象です。たとえば、1つの秀でた能力によりほかの平均的な能力までも高く評価されることがあります。

これらのバイアスを管理するためには、評価に携わる教師やほかの教育関係者、専門家が、定期的な研修を受けるなどして、自分自身の評価方法とその効果を批判的に分析する機会をもつことが望まれます。また、多角的な評価手法を用いたり、異なる視点からの**フィードバック**を組みあわせたりすることで、より公正でバランスのとれた評価を行うことが期待されます。

（梶井　芳明）

＜読者のための読書案内＞

西岡加名恵・石井英真・田中耕治（編）『新しい教育評価入門——人を育てる評価のために[増補版]』有斐閣、2022年：本書では、評価を成績づけだけでなく、学習者の成長をとらえる手段として位置づけています。教育評価の理論を体系的に学べる内容であり、学習指導要領や入試改革の最新動向にもふれています。とくに、教育学や教職課程を学ぶ大学生にとって、評価方法の実践的理解を深めるための貴重な1冊です。

関口貴裕・岸学・杉森伸吉（編著）『学校教育ではぐくむ 資質・能力を評価する——道徳・総合・特活・ICTの活用から始める評価の手引き』図書文化社、2019年：本書は、教育現場の評価における課題に対応するため、道徳や総合学習などの具体的な評価方法を提示しています。また、ICT（情報通信技術）やCBT（Computer-Based Testing：コンピュータを活用した試験）の利用についても解説されています。とくに、ICTやCBTの導入が進む現代の教育において、実践的な指針を提供する教員必読のガイドブックです。

田中耕治『教育評価』岩波書店、2008年：本書は、教育評価の歴史的背景から現代の理論と方法までを体系的に解説したテキストです。とくに「**相対評価**」から「**目標に準拠した評価**」への移行について詳しくふれており、評価の基本を理解するための基盤を示します。教育評価を学ぶ大学生にとって、理論的理解を深めるだけでなく、教職課程での実践的学びにも役立つ1冊です。

現場教師からのメッセージ12： 評価をする私に注意

「先生、どうしてうちの子の成績はAではないのでしょうか。」

このように質問してくる保護者の方が一定数います。学校における評価はペーパーテストのみに基づいて行われるわけではありませんが、実社会では数値で評価される機会が多いため、「テストで高得点をとっているうちの子が、なぜA評価ではないのか」と疑問を抱くわけです。疑念と言ってもよいかもしれません。音楽・図画工作・体育の評価に至っては、実技や作品制作などに取り組ませるパフォーマンス評価が占める割合も多く、ペーパーテストのように客観的な数値が算出されるわけではないという難しさもあり、保護者の疑念は高まりやすいといえます。

保護者からの質問に答える上で重要なのは、保護者や子ども本人を納得させることができるだけのデータや記録を教師がもっているかということです。そしてそのためには、あらたな単元に入る前に授業のねらいを明確に把握するとともに、どこまでねらいを達成したらA評価とするのか、子どもの頑張りや成長をどのように判断するのかなどを、少なくとも学年の教師集団で組織的に検討しておくことが必要です。

小学校でも教科担任制が導入されるようになってきました。導入された当初、自分のクラスの授業をすべて担当していた頃と比べると、限られた教科のみを通して子どもとよりよい関係を作ること、子どもを適切にアセスメントすることはこんなに難しいのかと感じたものです。また、自分が担当している教科で優れた成績を出す子どもに対しては、「ほかの教科の成績もよいはず」と過度に思い込む可能性があります。一方、一度失敗した子どもに対しては、「何もできない子だ」、「どうせまた失敗するはずだ」と、過小して決めつけてしまう危険性もあります。教師の認知はバイアスがかかりやすいこと、そしてそのことが教育評価に影響を及ぼしかねないことを自覚する必要があります。

教育評価には、教師自身が自分の指導のあり方を見直し改善していくためのものであるという重要な側面があることも忘れてはなりません。教師が設定した達成規準に多くの子どもたちが到達しない場合、設定基準に問題はなかったのか、またそこに向かう指導アプローチに課題はなかったのか、自分に問いながらよりよい教育の実現を目指していくことが教師には求められるのです。

(一色　翼)

学級集団

第1節 学級集団とは

（1）学級集団が子どもたちに与える影響

みなさんは、これまでの学校生活をどのような学級で過ごしてきたでしょうか。和気あいあいとした居心地の良い学級、目標に向かって一致団結する学級、はたまた人間関係がうまくいっていない学級や、どこか緊張感の漂う学級に在籍した経験があるかもしれません。学級は、子どもたちにとって1日の大半を過ごす場所というだけでなく、学びや人格形成に大きな影響を及ぼす重要な要素です。たとえば、子どもの所属している学級集団の質が、児童のさまざまな感情に影響を及ぼすこと（石浦・石津, 2020）や、いじめ加害行動の抑制につながること（外山・湯, 2020）なども明らかにされています。では、子どもたちにとって望ましい学級集団とはどのような学級なのでしょうか。また、学級集団を育てていくために教師はどのようなことをすればよいのでしょうか。

（2）学級集団の特徴と機能

①学級集団の構造

人間は、家庭、学校、地域、職場など所属する集団の影響を受けながら成長をしていきます。ライフステージが進むにつれて徐々に拡大していく所属集団は、その成り立ちから2種類に分類することができます。学校や職場など、ある目的のために系統だって組織された公式団体を**フォーマルグループ**といいます。一方で、趣味や性格によって組織され自然発生的に生まれる非公式団体を**インフォーマルグループ**といいます。

児童生徒が所属する学級集団は、集団教育を主な目的として組織される公式団体なので、フォーマルグループに分類されます。しかし、休み時間に気の合

う少人数の仲間で集まって過ごす場合、この小集団はインフォーマルグループだといえます。つまり、学級集団は、いくつかのインフォーマルグループを内包したフォーマルグループであり、二重構造で成り立っているという特徴があります。したがって、教師が学級集団を正確に理解して運営するためには、両グループの発達過程や特徴を理解する必要があります。

②友人関係の発達過程：インフォーマルグループの視点

　児童期から青年期にかけては、それまでの家庭や家庭を中心とした人間関係から徐々に友人を中心とした人間関係を重視する方向へと移行していきます。この時期は、友人をつくり仲間から認められるようになることが、児童生徒の課題となります。まずは、友人関係の発達過程を紹介します。友人関係の形態は以下の3つの発達的な段階を経て変化していきます（保坂・岡村，1986）。

　(a) **ギャング・グループ**：外面的な同一行動による一体感（凝集性）を特徴とし、主に小学校高学年頃にみられます。同じ遊びを一緒にし、自分たちだけの秘密やルールを作るなどして仲間意識を育てていくという特徴があります。同一行動による一体感を重んじ、集団の承認が親からの承認より重要になってきます。

　(b) **チャム・グループ**：内面的な互いの類似性を確認することによる一体感（凝集性）を特徴とし、主に中学生頃にみられます。このグループでは、興味、趣味やクラブ活動などで結ばれ、境遇、生活感情などを含めて、互いの共通点、類似性を言葉で確かめあうなど、「同じである」ことの確認を重視します。

　(c) **ピア・グループ**：互いに自立した個人としての違いを認めあいながら、共存できるという特徴があり、主に高校生以上においてみられます。異質性を認めあい、違いを乗り越えたところでより成熟した関係を築くことができます。

　近年は、この3つのグループの出現時期や形態が、従来とは異なってきていることが指摘されています。その要因として保坂（1996）は、核家族化や少子化により同年代とのかかわりが減少していることで、ギャング・グループの形成に必要な環境が失われつつあることをあげています。また、ギャング・グループの消失に伴って、チャム・グループが児童期から青年期全般にかけて拡

大していて、近年は児童期や青年期においても「同じこと」を求める薄い友人関係が続いてしまう傾向がみられることも指摘しています。

③学級集団の発達過程：フォーマルグループの視点

次に、フォーマルグループである学級集団にはどのような特徴と発達過程があるのでしょうか。蘭・古城（1996）は、学級集団がほかの社会集団と大きく異なる点を以下の3つにまとめています。

表13-1　集団としての学級の特徴

① 集団構成	学級集団は児童生徒集団のみで成立するのではなく、その集団を率いる教師の存在によって初めて意味をもつ。
② 目標	学級の目標は、集団そのものではなく、集団の発達を通したそれぞれの生徒たちの成長に向けられている。
③ 集団の継続時間	学級はほとんどの場合が1～2年の周期でその集団の解散・形成をくり返す。

学校では、年齢や居住地区によって集められて形成された学級集団に対して、教師が児童生徒個人の教育と集団の組織化がともに成立するよう、教育活動を展開します。これまでに教師の指導行動が学級集団の発達にどのような影響を及ぼすのかという研究が蓄積されてきました。

河村（2010）は、1年間の学級づくりを5段階に分け、各段階において必要な教師の指導行動を示しています。学級編成直後の時期には、学級目標を達成するために守るべきルールを設定し、ルールについての理解を促進するように指導をします（混沌・緊張期）。徐々にルールが意識され始める時期には、ルールを守って行動している子どもたちを積極的に奨励したり、小グループを活用したりしてルールの定着を図ります（小集団形成期）。子どもたちがルールを習得したら、児童の小集団同士が連携するように、リーダーの子どもを支えながら集団のまとまり・活動の推進を陰で支えます（中集団形成期）。さらに、子どもが必要とされている実感を得られる声掛けや学級全体の活動を導入します（全体集団成立期）。最終段階では、子どもたちはルールを内在化して学級の問題をみずから解決できるようになってくるので、教師は全体的長期的な視点でサポート役にまわります（自治的集団成立期）。学級集団は自然に発達するわけではなく、各発達段階で教師の適切な働きかけが求められます。教師は、学級の発達段階や

変化の兆候を把握して、学級の状態に応じた働きかけをする必要があります。

第2節　子どもの視点から学級集団をとらえる

(1) 学級集団のアセスメントの意義

　教師が学級集団の発達段階に応じた働きかけをするためには、目の前の学級集団が現在どのような状態であるのか、正確にアセスメントする必要があります。アセスメントとは、人物や集団、ものごととを客観的に評価・分析して、対策や改善に取り組むことを意味します。従来は、教師が学級担任としての経験や感覚に基づいて主観的に評価・分析することがほとんどでした。しかし、近年では、質問紙調査によって子どもたちが感じていることや考えていることを抽出して、個々の子どもの状態を正確に把握することができるようになりました。また、個々の子どものデータを集約して学級集団の状態を客観的に分析する検討会が各学校で実施されるようになってきています。子ども側の視点から得られたデータをもとに適切な支援や学級経営の方針を検討する方法が確立されつつあるのです。

(2) 客観的データに基づく学級アセスメント

　これまでに多くの学級アセスメントツールや心理尺度が作成されてきましたが、なかでもQ-U（河村, 2000）、アセス（栗原・井上, 2010）、学級風土尺度（伊藤・宇佐美, 2017）は、学校教育現場での実施を前提として標準化が行われ、信頼性・妥当性が実証されています。

① Q-U（Questionnaire Utilities）

　Q-U（河村, 2000）とは、「学級満足度尺度」と「学校生活意欲尺度」の２つの心理テストから構成され、教師が子どもたちの個別的な理解と学級集団の状態をアセスメントすることを目的としています。学級満足度の分布状況から、学級におけるルールとリレーションの確立の程度を把握したり、クラスの状態をタイプ別に判別したりすることもできます。「満足型」の学級（ルール高×リ

レーション高）では、学級内にルールが内在化していて、子ども同士の関わり合いや発言が積極的になされます。一方、「管理型」の学級（ルール高×リレーション低）では一見静かで落ち着いていますが、意欲の個人差が大きく人間関係が希薄な状態、「なれあい型」（ルール低×リレーション高）の学級では一見自由にのびのびした雰囲気に見えますが学級のルールが低下していて、授業中の私語や児童生徒同士の小さな衝突がみられます。

　Q-Uを活用したアセスメントでは、それぞれの学級の状態に合わせてどのような指導行動に重点を置いたら、よりよい状態に導けるのかということも検討されます。河村（2012）によると、「管理型」の学級では、「ルールをきちんと守って行動している児童生徒を積極的にほめて奨励していく」、「ルール違反をする児童生徒には、その内容に応じて適切かつ確実に対応する」などの指導行動が求められます。「なれあい型」の学級では、ルールの設定を補強するため、「児童生徒の願いを取り入れた『理想の学級』の状態を確認する」「学級目標を達成するためにみんなで守るルールを設定する」などの手立てが必要であるとされています。

②アセス (ASSESS : Adaptation Scale for School Environments on Six Spheres)

　アセス（栗原・井上, 2010）とは、学校適応感尺度の1つで、「生活満足感」「教師サポート」「友人サポート」「向社会的スキル」「非侵害的関係」「学習的適応」の6つの側面から子どもの主観的適応感、つまり子どもが自身の生活をどのように感じているかを包括的に測定します。たとえば、「教師サポート」に関する質問項目では、困った時に担任の先生は助けてくれるかを子どもに直接的に問います。こうした項目は、結果を分析する教師に心理的抵抗を生じさせる可能性があります。しかし、教師の支援が子どもにきちんと届いているかなど、教師が自身の教育実践をふり返る貴重な機会にもなりえます。

　アセスのもう1つの特徴として、学校以外での適応感についても、ある程度推測可能であるという点があげられます。たとえば、教師、友人、学習に関する尺度得点が高く、「生活満足感」の尺度得点だけが低い場合、家庭をはじめとした学校以外での適応に問題を抱えている可能性が推測されます。具体的に

は、体罰を伴うような厳しいしつけ、連日の塾通いのような過度な学習の要求などが考えられます。学校では教師が「ひょっとして家庭で何かあるのかな」と感じたとしてもなかなかふれにくいものです。しかし、こうしたアセスメントツールにより、子どもの問題を早期の段階で発見したり注意を向けたりすることは非常に重要です。アセスは子どものＳＯＳを敏感に抽出することに重点が置かれた評価ツールだといえます。

③学級風土尺度

各学級にはその学級自体がもつ個々の児童生徒の性質を超えた学級全体としての性質（雰囲気）＝**学級風土**があり、学級風土尺度（伊藤・宇佐美、2017）で測定することができます。学級風土尺度では「クラスのみんなは行事などクラスの活動に一生懸命取り組んでいる」など、児童生徒の視点から学級の状態像を直接的かつ多面的にとらえることができます。「学級活動への関与」「生徒間の親しさ」「学級内の不和」「学級への満足感」「自然な自己開示」「学習への志向性」「規律正しさ」「リーダー」といった８つの観点から学級の状態を把握します。そして、これらの項目についての児童生徒の認識（学級風土尺度得点）をスーパーバイザーやスクールカウンセラーが教師にフィードバックしてコンサルテーションを行うことによって、良好な学級風土が増進されることが報告されています。

第３節　教師の視点から学級集団をとらえる

（１）教師特有の信念と不合理な思い込み

子どもが学級や学級集団をどのようにとらえているかを理解・分析することは重要ですが、同様に、教師が子どもたちをどのように見ているのかという視点も大切です。ここでは、教師特有の信念や思い込みについて紹介します。

教師がもつ信念は、教師行動を支える大事な要因の１つですが、それが強迫的なものであると極端な指導行動を招き、子どもたちにネガティブな影響を与えてしまうことが報告されています。人が心のなかで強く信じていることを**ビ**

リーフ（**信念・信条**）といいます。人は生きていく上でたくさんのビリーフをもっていますが、そのなかでもとくに不合理な信念＝**イラショナル・ビリーフ**には気をつけなければなりません。イラショナル・ビリーフは、しばしば「～ねばならない」「～すべきである」という形で表現されます。たとえば、教師特有のイラショナル・ビリーフとして「教師は非難や指摘をされないような学級経営をすべきである」「教師は担任するすべての児童から慕われるべきである」「学業成績が不振な児童には、努力不足の児童が多い」などがあります。そして、教育実践に関するビリーフの強迫性が相対的に高い教師の学級ではほかの教師の学級と比較して、児童のスクール・モラール（子どもたちの友人関係、学習意欲、学級活動へのかかわり等）が有意に低いことが示されています（河村・田上，1997）。こうした教師特有のイラショナル・ビリーフは、知らず知らずのうちに職場の雰囲気やみずからの教職経験によって強固に形作られてしまう場合があるため、注意が必要です。

（2）教師が子どもをみる視点

　学級における教師の働きかけは、「教師が子どもをどうみるか」という教師の視点によって大きく規定されています。対人認知の研究では、相手を理解する視点が少ない人は狭く偏った考えにとらわれやすく、権威主義傾向であるとされています。一方で、相手を理解する視点を多くもつ人は自分とは違った考え方をする人でも受け入れやすく、あいまいさへの耐性も高い傾向があるとされています。これらのことをふまえると教師においても、子どもを理解する視点を多くもつ教師ほど多様な子どもを受け入れ、問題状況にも柔軟に対応することができると考えられます。

　しかし、教師の子ども理解の視点は教師の人生経験や教職経験から形成されるため、固定的で変化しづらい性質があることが知られています。こうした課題に対して、近藤（1995）は、**教師用 Role Construct Repertory Test**（以下、**教師用 RCRT**）を開発しました。教師用 RCRT は、教師が子どもを理解する際に用いる無意識的な視点を明らかにすることができます。たとえば、教師用

RCRTを実施すると、教師が学級の子どもをどのように認知しているのかということを**子ども認知図**で表すことができます（図13-1）。子ども認知図の縦軸・横軸はその教師が子どもをみる際に重視する視点を表し、評定得点が高い子ども（図の右上にプロットされる子ども）ほど、その視点に合致する行動をとる子どもだと認識されていることを表します。このように、教師用RCRTは教師の無意識的な認知状態を視覚化することができるため、教師が自己理解を深めて指導行動を変容させる契機を提供することもできます。教師用RCRTを用いた実践的研究では、教師が自身の子ども認知の様相について省察を行うことによって、より多角的に子どもたちを理解できるようになり、さらには子どもの学級適応感が向上したことが報告されています（鈴木・庄司, 2024）。つまり、教師は「自分がどんな視点から子どもたちをみているのか」ということを自己点検することによって、多様な子どもたちを受け入れることができるようになる可能性があるといえます。学級経営がうまくいかなくなった時に、教師自身が自己理解を深めることによって、子どもたちにポジティブな影響をもたらす可能性があると考えられます。

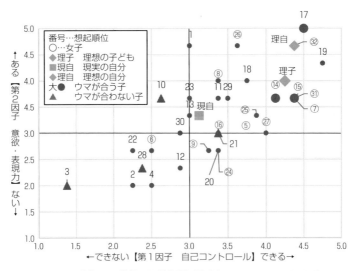

図13-1　教師Aの学級の子ども認知図（鈴木・庄司, 2024より引用）

第4節　学級集団と教師の適合性："マッチング"という視点からの検討

　子どもの行動上の問題を、子ども個人の要因に由来すると考えるのではなく、子どもがもつ行動様式と、子どもが所属する学級（あるいは学級担任）が要求し期待する行動様式とのあいだの"ミスマッチ"の現れとしてとらえる考え方があります。近藤（1994）は、不適応状態にある子どもを理解しようとする際に、いつのまにかこの"関係"という文脈が削ぎ落されて、個人の適応過程や適応能力にばかり関心が向けられてしまうケースがしばしばみられると指摘しています。不適応状態の子どもは、「どのような環境に対して不適応なのか」という背景が無視され、「不適応」という現象があたかもその子どもの特性や能力を表す言葉であるかのようにとらえられてしまうのです。教師は子どもの不適応行動の原因を子どもの性格・仲間関係・家庭環境など、子ども自身の要因に求めがちであることことが知られています。

　しかし、このマッチングという観点で学級経営をとらえ直すと「教師と学級集団のマッチング」というように、両者の"関係"という枠組みのなか理解することができます。「どのような特性をもつ学級集団とどのような特性をもつ教師のあいだに、どのようなミスマッチが現れてきたのか」という視点をもつことが重要であるといえます。

　本章では、子どもからみた学級集団と教師からみた学級集団、両者の視点からとらえた学級集団について記述しました。しかし、どちらか一方の見方に教師の関心が傾くと、この"マッチング"の視点が欠落してしまう危険性が考えられます。よりよい学級集団を育てていくためには、この"マッチング"という枠組みのなかで学級集団をアセスメントしていくことが必要だと考えられます。

（鈴木　洋介）

〈引用・参考文献〉
蘭千壽・古城和敬（編）　1996　教師と教育集団の心理　誠信書房
石浦宏樹・石津憲一郎　2020　学級雰囲気が児童の感情に及ぼす影響　教育実践研究：富山

大学人間発達科学研究実践総合センター紀要，15，29-35.
伊藤亜矢子・宇佐美慧　2017　新版中学生用学級風土尺度（Classroom Climate Inventory; CCI）の作成　教育心理学研究，65，91-105.
河村茂雄　2000　Q-U　楽しい学校生活を送るためのアンケート　図書文化社
河村茂雄　2010　日本の学級集団と学級経営――集団の教育力を生かす学校システムの原理と展望――　図書文化社
河村茂雄　2012　学級集団づくりのゼロ段階――学級経営力を高める　Q-U式学級集団づくり入門――　図書文化社
河村茂雄・田上不二夫　1997　教師の教育実践に関するビリーフの強迫性と児童のスクール・モラールとの関係　教育心理学研究，45(2)，213-219.
近藤邦夫　1994　教師と子どもの関係づくり――学校の臨床心理学――　東京大学出版会
近藤邦夫　1995　子どもと教師のもつれ――教育相談から――　岩波書店
栗原慎二・井上弥（編）　2010　アセス（学級全体と児童生徒個人のアセスメントソフト）の使い方・活かし方　ほんの森出版
外山美樹・湯立　2020　小学生のいじめ加害行動を低減する要因の検討――個人要因と学級要因に着目して――　教育心理学研究，68(3)，295-310.
保坂亨　1996　子どもの仲間関係が育む親密さ――仲間関係における親密さといじめ――　現代のエスプリ，353，43-51.
保坂亨・岡村達也　1986　キャンパス・エンカウンター・グループの発達的・治療的意義の検討――ある事例を通して――　心理臨床学研究，4，15-26.
鈴木洋介・庄司一子　2024　教師の省察が児童認知次元と児童の学級適応に及ぼす影響――自己モニタリング面接による事例的検証――　学校心理学研究　23(2)　151-163.

〈読者のための読書案内〉

有馬道久・大久保智生・岡田涼・宮前淳子（編）『学校に還す心理学――研究知見からともに考える教師の仕事』ナカニシヤ出版、2020年：教育心理学の研究知見をどのように実践に活かすかという視点を重視して、有用な知見がまとめられています。

河村茂雄『日本の学級集団と学級経営――集団の教育力を生かす学校システムの原理と展望』図書文化社、2010年：独自の形態をとる日本の学級集団が直面している問題について検討し、よりよい学級経営のためにどのようなアプローチが考えられるかデータをもとに論理的に検討している1冊です。

中原淳（監修）脇本健弘・町支大祐『教師の学びを科学する――データから見える若手の育成と熟達のモデル』北大路書房、2015年：若年化が進む横浜市の教師を対象とした大規模調査データをもとに教師の育成と熟達モデルが検討されています。

現場教師からのメッセージ13: 学級を開き、育て、発展させる

　菜の花、桜、チューリップが咲いたら、新しい1年が始まります。今年はどんな子どもたちに出会えるだろうかと、心がうきうきしてきます。まさに、学級担任の醍醐味といえるでしょう。子どもたちとの出会いは、顔を合わせる前から始まっています。どのような学級集団を目指し、その実現に向けて何をどのように準備すればよいでしょうか。

　そもそも、なぜ集団づくりを行う必要があるのでしょうか。「それぞれのクラスに子どもたちが配属された時点で、すでに学級集団ではないか」と疑問に感じる方もいることと思います。しかし、学級は、放っておいても自然と学級集団になることはありません。学級は、みずからの意思をもった集団ではないからです。子どもたちの意思に関係なく、親の都合で生活する地域に位置する学校にたまたま集められた、育ってきた環境も価値観も異なる30名あまりのヒトから成る集合体です。この集合体に共通の目的をもたせることで、集団となることを目指します。学級集団がどのように発展していくのかという点についてはさまざまな考え方がありますが、学級を開き、学級を発展させ、学級を子どもたちの自治の世界へと引き上げるという大まかな考え方に、異論を述べる先生はいないのではないかと思います。学級集団がどのようにつくられ、どのように発展していくのかという理論や法則を教師が理解していなければ、壁にぶつかります。そしてこの壁にぶつかった学級の状態が、学級崩壊やいじめと呼ばれるものです。

　学級づくりが軌道に乗ってくると、子どもたちは「クラスのみんなが協力しあってまとまり出すと、良い結果を生み出すことができる」という感覚を得るようになります。このまとまりの良さのことを「凝集性」といいます。先生の方も、クラスの状態に一定の手応えを感じるようになるでしょう。ここで注意をしなければならないのは、凝集性は必ずしも良い方向にのみ働くわけではないということです。たとえば、運動会のクラス対抗リレーに向けて練習しているなか、あまり協力的でない子どもがいたとします。すると凝集性は、同調圧力や排他性という形で、攻撃性を伴って表出することがあります。「みんながんばっているのに、なんであの子だけ真剣に取り組まないのだ」、「あの子さえいなければ、うちのクラスが優勝できるはずなのに……。」というような感じです。そんな時、教師としてクラス全体にどのような言葉をかけることができるかは、教育心理学を学んでいるかどうかで大きく変わってきます。大局的な見通しをもちつつ、今ここの集団の状態を分析し、適切な手立てを講じるためには、教育心理学の知見が欠かせないのです。

（一色　翼）

パーソナリティと適応

第1節 パーソナリティ理論

パーソナリティ（personality）とは、「個人の感情、思考、行動の一貫したパターンを説明する、その人の諸特徴」を意味します。日常的には「性格」や「人格」と表現されることが多い概念ですが、最近ではカタカナで表記されることが一般的です。パーソナリティに関する考え方は、これまでに複数のものが提唱されています。その代表例として、**類型論**と**特性論**があります。

(1) 類型論

類型論とは、パーソナリティをいくつかの類型（タイプ）に分類することで、人間の全体像をとらえようとする考え方です。

①クレッチマー (Kretschmer, E.)

クレッチマーは、精神科医の立場から、体格と精神病とのあいだに一定の関連があることを明らかにしました。そして、体型が細長型の者は非社交的、生真面目、神経質といった特徴を有する「分裂気質」、肥満型の者は社交的、温厚、ユーモアに富むといった「躁うつ気質」、筋骨型の者は几帳面、回りくどい、融通が利かない、興奮すると夢中になる、怒りっぽいといった「粘着気質」の3類型に分類できると説明しています。

②シェルドン (Sheldon, W. H.)

心理学者である**シェルドン**は、クレッチマーが示した体格とパーソナリティの関連を一般の人にもあてはめることができるかどうかを検討しました。そこで、健常男性の体型の調査をもとに、胎生期（お母さんのお腹にいる時期）の胚葉発達において、どの部位がとくに発達しているかによる分類を試みました。そして、丸みを帯びている「内胚葉型」、筋肉質である「中胚葉型」、痩せている

「外肺葉型」に分類しました。さらに、内胚葉型は「内臓緊張型」と呼ばれる安らぎを求める気質に、中胚葉型は「身体緊張型」と呼ばれる騒がしく攻撃的な気質に、外肺葉型は「大脳緊張型」と呼ばれるためらいがちで孤立しがちな気質に関連していることを明らかにしています。これらの結果は、クレッチマーの分類を支持するものでした。

③ユング（Jung, C. G.）

ユングは、人間の精神の無意識的な部分を重視する精神力動的な観点から、人間の向性（リビドー：心的エネルギーの向け方）を「内向性」および「外向性」という2つからとらえました。一般に、外向性の人は社交的で開放的、外部からの刺激に反応しやすいパーソナリティですが、心的エネルギーが内に向けられる内向性の人は、興味関心の対象が自分自身に向きやすく、控えめで内省的であると考えられています。そして、その心的機能の優位性から心的機能思考、感情、感覚、直感という4つの組みあわせによって、「外向思考タイプ」「内向思考タイプ」「外向感情タイプ」「内向感情タイプ」「外向直感タイプ」「内向直感タイプ」「外向感覚タイプ」「内向感覚タイプ」の8つに分類しました。

④シュプランガー（Spranger, E.）

シュプランガーは、その人が人生のどのような側面に価値を置くかといった、価値観による類型を試みました。そして、真理追求や知識体系に価値を置く「理論型」、唯一無二の絶対的価値や聖なるものを求める「宗教型」、美と調和に価値を置く「審美型」、功利的に判断し実用的価値を重視する「経済型」、権力支配に価値を置く「権力型」、社会福祉を重視する「社会型」の6つに分類しています。

（2）特 性 論

特性論とは、いくつかのパーソナリティ特性を想定し、その量的な程度で人間を理解しようとする立場です。この立場では、さまざまな特性の量的なバランスが個人差を生むと考えられています。

①オルポート（Allport, G. W.）

オルポートは、人間のパーソナリティを、多くの人が共通してもっている「共通特性」とその個人固有の「個人特性」に分けました。そして、この「共通特性」がどの程度強いのかに関しては個人差があり、それを比較することで個人の特徴を明らかにしようとしました。また、個人のパーソナリティの特徴を**心誌**（サイコグラフ：心的プロフィール、個人の特徴を一目瞭然に理解できるように視覚化したもの）を用いて示したことで知られています。

②キャッテル（Cattell, R. B.）

キャッテルは、オルポートの分類を発展させ、**因子分析**という手法によって人間の特性を定量化可能な「共通特性」と質的特性である「独自特性」に分類しました。さらに、この二者に基づいた状況的で、観察可能な「表面的特性」と観察不能な要因である「根源的特性」からパーソナリティを理解しようと試みました。表面的特性とは、状況的で観察的な行動・発言・動作・表情などを表し、根源的特性とは、観察不可能な価値観・遺伝因子・環境要因などを表しています。そして、パーソナリティを16以上の両価性を持った獲得性尺度における程度を示すプロフィールとして描写しました。さらに、この特性をもとに、**16パーソナリティ因子質問紙**（16PF）を開発したことで知られています。

③ギルフォード（Guilford, J. P.）

ギルフォードは、自身が開発した検査のなかで、「抑うつ性」「回帰性傾向」「劣等感」「神経質」「客観性」「協調性」「愛想」「一般的活動性」「のんきさ」「思考的外向」「支配的」「社会的外向」の12類型を提唱しています。

④アイゼンク（Eysenck, H. J.）

アイゼンクは、人間の類型は特性から形成されると考え、類型論と特性論の統合を目指しました。そして、性格特性を「個別的（特殊）反応水準」「習慣反応水準」「特性水準」「類型水準」の4つの水準の階層でとらえています。また、キャッテルが16以上と考えた性格因子については、最終的に「外向性」「神経症的傾向」「精神病傾向」の3つの因子で十分に説明できることを見出しました。さらに、**モーズレイ人格目録**（MPI）を開発し、信頼性・妥当性の高い尺

度として、現在も多くの国や地域で用いられています。

その後も、パーソナリティに関する研究が積み重ねられてきましたが、現在では5つのパーソナリティ特性で人間を記述するという理論に多くの同意が得られています。それは、ゴールドバーグ（Goldberg, L.）らによって提唱された、**ビッグ・ファイブ**（Big Five）と呼ばれる

図14-1　ビッグ・ファイブの5つの側面

理論です。そこで示される5つのパーソナリティの側面は、図14-1に示した通りです。

第2節　パーソナリティの測定

　パーソナリティの検査法には、さまざまな形態があります。検査によって測定可能なパーソナリティの側面は異なるため、その人のパーソナリティを全体的・総合的に測定しようとする場合には、数種類の検査を組みあわせることが一般的です。これを**テスト・バッテリー**といいます。ここでは、質問紙法・作業検査法・投影法を紹介します。

(1) 質問紙法

　質問紙法とは、パーソナリティを測定するためのさまざまな質問項目が記載された用紙（質問紙）を用いる方法です。それらの質問項目にどの程度当てはまるかを対象者に判断させ、答えてもらいます。そして、回答を得点化し、標準化された尺度上にプロフィールを描き、その人のパーソナリティを判断します。質問紙法では、結果の信頼性・妥当性が高いこと、短時間で多くの回答を収集できることなどのメリットがありますが、対象者が回答を偽る可能性もあるなどのデメリットもあります。

代表的な質問紙法には、**矢田部ギルフォード性格検査**（YG性格検査）、**ミネソタ多面人格目録**（MMPI）、エゴグラムなどがあります。

（2）作業検査法

作業検査法とは、対象者をある課題に取り組ませ、その作業経過によってパーソナリティを測定するものです。検査の意図を察知し、回答を歪める恐れが少ないという点が優れています。

作業検査法でもっとも広く活用されている検査に、**内田クレペリン検査**があります。これは、1桁の数字を15分間連続で加算させる作業を、5分間の休憩を挟んで前後半2回実施するという方法で行われます。結果として、1分ごとの作業量の推移を示した作業曲線に基づき、知能や作業の処理能力、積極性、活動のテンポ、意欲などの高低やパーソナリティ・行動の偏り・異常・障害などを明らかにすることができます。

（3）投　影　法

投影法とは、対象者に視覚的な刺激を提示し、それに対する反応を分析することによってパーソナリティを測定しようとする方法です。質問紙法や作業検査法に比べて実施や解釈に高度なスキルが求められますが、適切に実施すれば対象者自身が意識していないようなパーソナリティの側面をも知ることができます。その代表例は以下の通りです。

①ロールシャッハテスト

これは、ロールシャッハ（Rorschach, H.）によって考案されたもので、対象者にインクのしみのような模様が描かれた図版を1枚ずつ合計10枚提示し、その模様が何に見えるかを尋ねるという手順で行われます。

② P-F スタディ（絵画欲求不満テスト）

ローゼンツヴァイク（Rosenzweig, S.）によって開発されたもので、日常よく経験する欲求不満場面が簡略的な絵で表現された24の場面で構成された検査用紙を用いて行われます。絵には2人以上の人物が登場し、そのなかの1人が

もう1人に話しかけているところが描かれています。そのうち、対象者は話しかけられた人物（欲求不満状況に置かれた人物）になったつもりで答えるように求められます。

この他にも、**TAT**（**主題統覚検査**）、**バウムテスト**（**樹木画テスト**）、**SCT**（**文章完成法**）などがあります。

第3節　欲求と葛藤

(1) 欲求階層説

私たちは誰でも、食事や睡眠などの生命活動を維持するための欲求から、"こんな風になりたい"という欲求まで、さまざまなものをもっています。**マズロー**（Maslow, A. H.）は、人間のもっている欲求をいくつかに分け、それぞれほかと比べてどの欲求の優先順位が高いかによって、順に下から上に積み上がっていく階層構造を成していると主張し、**欲求階層説**を提唱しました（図14-2）。

「生理的欲求」とは飢えや渇きなどからくるもの、「安全の欲求」は自分の身にいつ何が降りかかるかわからない不安な状況を避けたい欲求、「所属と愛情の欲求」は孤独を避け他者に受け入れられたいと思うもの、「尊重・承認の欲求」はかけがえのない存在として認められたい欲求です。そして、「自己実現の欲求」はその人自身がその人の未知の可能性に向かって模索していく欲求です。低次の欲求から徐々に高次の欲求になっており、前の段階の欲求がある程度満たされると次の段階の欲求が生まれてくると考えら

図14-2　欲求階層説

れています。

　ただし、さまざまな制約によって、このような欲求が常に満たされているわけではありません。欲求が満たされないと、**フラストレーション**（欲求不満）がたまることや、2つ以上の欲求が同時に生じ、1つが満たされると他が満たされないといった**コンフリクト**（葛藤）の状態に置かれる場面もあります。こういったフラストレーションやコンフリクトの状態に至ると、私たちは不適応状態に陥ることになります。

　そもそも、**適応**という言葉は、どのような状態を指しているのでしょうか。適応とは、「人間が物理的あるいは心理的環境との相互作用が保たれている状態」のことです。逆に、環境との相互作用がうまく保たれていなければ、それは**不適応**という状態になります。つまり、不適応とは、個人と環境のミスマッチによって生じる事態といえます。

(2) ストレスのメカニズム

　このような不適応をもたらす要因の1つとして、ストレスへの対処が注目されています。心理学では、**ストレス**（stress）という言葉は2つに分けて用いられています。具体的には、人間の心身に負担をかける外部からの刺激や出来事のことを**ストレッサー**、そしてそれによって心身に起こる反応のことを**ストレス反応**と呼びます。たとえば、"先生に注意されて、悲しい"という場面があったとすると、"注意された"という出来事がストレッサー、それによって引き起こされた"悲しい"という反応がストレス反応ということになります。ストレッサーは心身に悪影響を及ぼすことがありますが、同じ出来事に遭遇しても、反応の程度には個人差があります。つまり、その出来事に圧倒されてしまう人もいれば、あまり気にならない人もいるわけです。このことから、ストレッサーはすべての人に必ずストレス反応を引き起こすわけではなく、なんらかの心理的なプロセスを経て、ストレス反応の出方が決まっているといえます。Lazarus & Folkman（1984）は、それを次のようなモデルで説明しています（図14-3）。

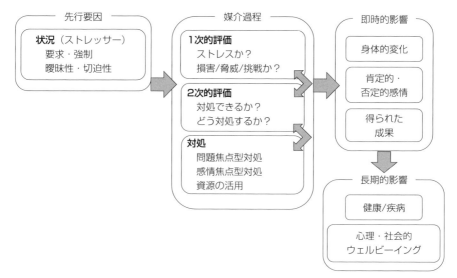

図14-3 ストレスの評価ー対処モデル（Lazarus & Folkman, 1984 等をもとに作成）

　そして、ストレス反応を軽減することを目的とした行動は、**コーピング**（coping）と呼ばれます。コーピングは「何とかうまく処理すること（to manage successfully）」を意味しています（加藤・今田，2001）。代表的なコーピング方略として認知されているのは、**問題焦点型**と**情動焦点型**です。問題焦点型コーピングは、ストレスフルな状況において生じている問題を解決することで、ストレスを減少させる方略です。一方の情動焦点型コーピングは、ストレスフルな状況で喚起された不快な情動を鎮め、調節する方略です。これらは人間の適応において重要な概念であると考えられています。

(3) ストレス状況を乗り越える力

　子どもたちも含め、私たちは日々さまざまなストレッサーと出会います。しかし、それらをゼロにすることはほとんど不可能です。そのため、ストレッサーに遭遇した際に、それをどのように乗り越えるかということが課題となります。ただし、その試行錯誤がいつもうまくいくとは限りません。なかには、

思うように対処できず、フラストレーションが蓄積することもあります。このような思い通りにいかないことに耐える力のことを、**フラストレーション・トレランス**（欲求不満耐性）といいます。欲求不満状態に陥った時に、不適応的な行動を選択せずに合理的に乗り越える力を意味します。

また、近年、さまざまな逆境体験を乗り越える力である、**レジリエンス**（resilience）が注目されています。これは、人生における困難な状況や強いストレスに直面した時に、状況にうまく適応する心理的なプロセスと定義されるものです。私たちは日常生活のなかでさまざまな失敗やピンチ、困難やストレスを抱えることがあります。そのような体験をすると、「辛い」「立ち直れない」などと感じますが、そういった反応は自然なものです。なかには、「失敗や辛い状況はできればない方がいい」と思ったりする人もいるかもしれません。しかし、こうしたことを乗り越える経験を積み重ねることで、レジリエンスは育ちます。へこんだり落ち込んだりしながら、その気持ちを立て直していく"しなやかな心"を意味します。教育の文脈で考えれば、教師として「落ち込まない子ども」を育てるのではなく、「落ち込んでも立ち直れる子ども」を育てていくという視点が求められます。

第4節　適応機制

私たちが不適応に陥りそうな時に、それを避けようとする心のはたらきがあります。**フロイト**（Freud, S.）は、自我機能の1つとして、危険や困難に直面した場合や受け入れがたい苦痛・状況にさらされた場合に、それによる不安や体験を減弱させるために無意識に作用する心理的なメカニズムのことを**防衛機制**（defense mechanism）と呼んで概念化しました（表14-1）。この防衛機制は適応への機制ともいえるもので、精神的な安定を図る心のメカニズムでもあります。

そのなかで、フロイト自身は「抑圧」をもっとも重視していました。この抑圧が過剰になされることによってヒステリーが生じると仮定し、夢分析などによって抑圧された感情を探し当て、それを意識化するなかでカタルシスを得る

表 14-1　防衛機制の具体例

退行	幼少期など、現時点の発達の前段階に逆戻りする。
合理化	もっともらしい理屈や理由をつけて正当化しようとする。
反動形成	抑圧された感情や態度が正反対の行動として表れる。
補償	劣等感を感じるときに生じる不満や不安を何かしらで補おうとする。
代償	ほかの欲求に置き換えて満足しようとする。
昇華	社会的に承認されない欲求を文化的・社会的に望ましい価値あるものへ置き換える。
逃避	困難な状況から逃れようとする。状況から逃避する場を設ける。
取り入れ	ある考えや行動を無意識に取り入れる。
同一視	他者の長所や能力・実績をまねして自己評価を高めようとする。
投射（投影）	自分の後ろめたい感情や衝動を他者のものとして非難する。
抑圧	欲求不満や不安を無意識に抑え込んで忘れてしまおうとする。
白昼夢	非現実的な空想の世界で欲求を満たそうとする。

という精神分析学的な治療法を確立しました。

（尾花　真梨子）

〈引用・参考文献〉

加藤司・今田寛　2001　ストレス・コーピングの概念　人文論究，51，37-53．

Lazarus, R. S., & Folkman, S.　1984　*Stress, appraisal, and coping.* Springer. R. S. ラザルス・S. フォルクマン（著）本明寛・春木豊・織田正美（監訳）　1991　ストレスの心理学——認知的評価と対処の研究——　実務教育出版

〈読者のための読書案内〉

小塩真司『はじめてまなぶパーソナリティ心理学——個性をめぐる冒険』ミネルヴァ書房、2010年：パーソナリティのとらえ方などについて、わかりやすい例を交えながら説明されています。また、血液型による性格判断など、私たちの素朴な疑問についても紹介されています。

谷口弘一・福岡欣治（編）『対人関係と適応の心理学——ストレス対処の理論と実践』北大路書房、2006年：私たちの精神的健康や適応を左右する対人関係について、心理学的な観点から解説されています。理論的・概念的なことから、学校や職場での介入実践まで幅広く網羅されている1冊です。

第4節　適応機制

現場教師からのメッセージ14: 自分を守ることで、子どもたちを守る

「先生、トイレに行ってきてもいいですか？」、「先生、苦手な野菜が入っているので残してもいいですか？」、このように子どもから言われたらどうするでしょうか。「トイレにはきちんと休み時間に行っておくんだよ」、「苦手でも一口は食べられるようになるといいね」など、答え方はさまざまでしょうが、申し出自体を受けつけないという教師はいないでしょう。

子どもたちからの申し出を拒否すれば、人権の視点から大きな問題に発展します。そのことに加えて、「マズローの欲求階層説」を理解していれば、排泄や食事といった「生理的欲求」を認めないことの心理面での弊害にまで考えが及ぶでしょう。

「生理的欲求」が満たされなければ「安全の欲求」段階に進まないため、「またお腹が痛くなったらどうしよう」、「苦手なものを食べて気持ちが悪くなったらどうしよう」という不安を拭うことができません。場合によっては、不登校になる可能性すらあります。「安全の欲求」といえば、いじめなどの問題行動です。アンケートを通していじめ認知へのアンテナを高めたり、子どもがいじめ被害を訴えてきたら組織的に対応したりすることは言うまでもありませんが、まずは「いじめは絶対に許されない」ということを担任が伝え続けることが大切です。ここまでの土台が構築できてはじめて、「このクラスでいたい、仲間を見つけて交流したい、自分らしくありたい」と思えるわけですから、「生理的欲求」と「安全の欲求」がいかに重要なのかがわかります。

ここまでのことは、子どもたちだけでなく、教師にもあてはまります。「忙し過ぎて、トイレに行く時間もない」、「給食中にも丸つけをしなくては、仕事が終わらない」、「要求が高い保護者への対応に悩んでしまって、夜も眠れない」といった先生方の声が聞かれることがあります。このような状況では、自分のクラスを大切にする気持ちや子どもたち一人ひとりに目を向ける気持ち、教師としての自分らしさを追求する気持ちが生まれてくるわけがありません。

自分で自分の欲求を満たすためには、完璧を求めすぎず、仕事に軽重をつけることが大切です。「ノートに赤を入れてあげたい」という熱意があっても、そのことで生理的欲求が満たされないのであれば、ノートへの添削の量を減らしましょう。「保護者の声にきちんと耳を傾けて寄り添いたい」と思っても、そのことで安全の欲求が満たされないような状況なのであれば、決してひとりで抱え込むことなく、管理職などほかの先生のサポートを受けましょう。完璧な人間など存在しないと割り切って、頑張り過ぎずに欲求を一つひとつ満たしていくのです。そのことで最終的に幸せになるのは、先生の笑顔に包まれた子どもたちなのではないでしょうか。

(一色　翼)

カウンセリング

第1節 カウンセリングとは

(1) カウンセリングと心理療法

　みなさんは、**カウンセリング**に対してどのようなイメージをもたれているでしょうか。カウンセリングと聞いて、「ぜひ受けたい」と思う方は少ないように思います。その理由は、カウンセリングを「心の病の治療」と考えているからだと思われます。つまり、カウンセリングと**心理療法**（サイコセラピー）を同義ととらえているということです。カウンセリングと心理療法を同義とすると、カウンセリングを行うのは心理職（臨床心理士、公認心理師など）であり、教師にはカウンセリングは必要ないことになってしまいます。

　これについて異を唱えるのが、わが国を代表するカウンセリング心理学者である**國分康孝**です。國分は、カウンセリングと心理療法はイコールではない、という立場をとります。そして、「教師が身につけるべきなカウンセリングが存在する」という信念のもと、教師が活かせるカウンセリングである教育カウンセリングを提唱しました。國分によれば、教育カウンセリングとは、心理療法のような「治すカウンセリング」ではなく、「育てるカウンセリング」でなければなりません。

(2) カウンセリングの定義

①國分康孝の定義

　國分は、以下のような2つの定義を述べています。

> ・カウンセリングとは言語的および非言語的コミュニケーションを通して行動の変容を試みる人間関係である。（國分，1979）
> ・カウンセリングとは、問題解決の援助と、パーソナリティー成長の援助のいずれかを主目標にした人間関係である。（國分，1996）

國分の定義のポイントは以下の通りです。
　①カウンセリングの手段は、「言語的および非言語的コミュニケーション」である。
　②カウンセリングの目的は、行動変容の援助、問題解決の援助、パーソナリティー成長の援助である。
　③カウンセリングとは、これらを目的とした人間関係そのものである。
　教師と子どもの関係も、言語的および非言語的コミュニケーションを通した、相手を援助するための人間関係であるといえるでしょう。つまり、この定義に従えば、教師にもカウンセリングは必要であるといえます。

②諸富祥彦の定義

　諸富（2010）は、カウンセリングの定義として、広狭二義をあげています。ここでは紹介しませんが、狭義の定義は、カウンセリングと心理療法とを区別しない定義です。一方、広義の定義は以下の通りです。

> 個人や集団を対象として、一人ひとりの気づきと学び、自己成長のプロセスを支えていく、あるときは開発的（成長促進的）な、またあるときは予防的な、またあるときは問題解決的（治療的）な、援助的な人間関係にもとづく活動である。

　諸富の定義のポイントは以下の通りです。
　①カウンセリングは個人だけでなく集団も対象とする。
　②カウンセリングの目的は、「一人ひとりの気づきと学び、自己成長のプロセスを支え」ることである。
　③カウンセリングには、開発的（成長促進的）、予防的、問題解決的（治療的）の３種類が存在する。
　④カウンセリングは、援助的な人間関係に基づく活動である。
　この定義も教育との共通点を感じさせるものであり、やはり教師にとってもカウンセリングは必要なものであるということができます。

③「援助的コミュニケーション」としてのカウンセリング

　國分、諸富の定義をふまえ、筆者はカウンセリングを以下のように理解しています。

> カウンセリングとは援助的コミュニケーションである。

　國分の定義と諸富の定義の両方に共通するのは、カウンセリングを「相手を援助するための人間関係」ととらえる考え方です。筆者は、「人間関係」を「コミュニケーション」と言い換え、「相手を援助することを目的としたコミュニケーション」がカウンセリングのエッセンスではないかと考えています。この定義であれば、日々コミュニケーションを通して子どもの援助に携わっている教師にこそ、カウンセリングは必要であるということができます。

第2節　カウンセリングの基本姿勢と技法

（1）カウンセリングの基本姿勢

　では、援助的コミュニケーションであるカウンセリングとはどのようなものなのでしょうか。國分は、カウンセリングの基本姿勢として、以下の言葉を指摘しています。

①治そうとするな、わかろうとせよ （國分，1979）

　相手からなんらかの悩みを相談された時、私たちは、「それはあなたが悪い（間違っている）よ」と批判したり、「○○してみれば？」と助言やアドバイスをすることはないでしょうか。しかし、相談した側からすれば、せっかく勇気を出して相談したのに批判されたら、「二度と相談なんかするものか」と思うことでしょう。また、助言やアドバイスにしても、すでに実行している（が功を奏さなかった）ことが少なくありません。いずれも、相談される側は、相手を変えよう（＝治そう）としていますが、それが効果的な援助になっているとはいえません。

　実は、私たちが他者に相談する時には、知識や情報を得たいという目的だけでなく、「自分のつらさ、苦しさを理解してほしい」という思いで相談することが多いものです。つまり、相手を「変えよう（治そう）」とするより、まずは相手を「わかろう（理解しよう）」とすることこそが、相手の思いに応えること

になるのです。

②言葉じりをつかまえるな、感情／認知をつかめ（國分，1981）

相談をもちかけてきた相手の言っていることが、客観的に見て間違っていたり、冷静に考えると矛盾していたりすることも多いものです。そうすると、私たちはどうしても、相手を「変えよう（治そう）」としてしまいがちです。しかし、そのことをダイレクトに指摘しても、多くの場合、相手はそれを受け入れることはできません。

そこで、まずは「わかろう」とすることが大切になるわけですが、では何を「わかろう」とすれば良いのでしょうか。國分は、「感情」だと指摘しています。私たちは、つらさ、苦しさ、悲しさ、怒りなどの感情を抱えると、冷静な判断ができなくなります。そこで、まずは相手のつらさ、苦しさ、悲しさ、怒りなどの感情を「わかろう」と努めるのです。相手にとっては、自分の感情を「わかってもらえた」と感じられるだけで、冷静な思考ができるようになり、問題解決への一歩を踏み出すことができます。

しかし、私はもう1つの答があると思っています。それは「認知」です。ものの見方や考え方は皆一人ひとり異なります。そして、悩みや問題の背景には、その人特有のものの見方、考え方が存在する場合が少なくありません。したがって、相手のものの見方、考え方（＝認知）を「わかろう」とすることが、その人自身をより良く理解することとなり、結果として問題解決に近づくことになります。

③相手の目で見、相手の耳で聞き、相手の心で感じる

①や②は、しばしば「共感」と呼ばれ、カウンセリングでもっとも重要な態度であるとされています。アドラー心理学の創始者である**アドラー**（Adler, A.）は、共感を「相手の目で見、相手の耳で聞き、相手の心で感じる」と述べています。私たちは通常、「自分の目で見、自分の耳で聞き、自分の心で感じ」ています。相手の援助を目的とするカウンセリングにおいては、なんとかして「相手の目で見、相手の耳で聞き、相手の心で感じ」ようと努力することが何よりも重要です。

（２）カウンセリングの技法
①しっかり聞く

「相手の目で見、相手の耳で聞き、相手の心で感じる」ために必要なことは、まずは相手の話にしっかり耳を傾けること、すなわち**傾聴**です。

私たちが行う言語的コミュニケーションの多くは、会話やおしゃべりです。会話やおしゃべりでは、２人の人が話し手になったり聞き手になったりします。片方が一方的に話し続け、もう片方が聞き続けることは、会話、おしゃべりとは呼びません。

一方、相手を援助するためのコミュニケーションであるカウンセリングにおいては、相談する人（被援助者）が話し手、相談される人（援助者）が聞き手になります。援助的コミュニケーションの基本は、まずは聞き手が話し手の話を最後まで口を挟まずに聞くことです。練習してみると、これが案外難しいことがわかるはずです。私たちは、相手の話を聞いていると、何かしら口を挟みたくなるものです。

その際に大切なのは、話し手に「しっかり聞いてもらっている」ことが伝わるように聞くことです。そのためには、うなずいたりあいづちを打ちながら聞くことが大切です。

②返しながら聞く

「しっかり聞く」ことができたら、相手の言葉を「返しながら聞く」ことができると、コミュニケーションがさらに援助的になります。具体的には、以下のような技法が提唱されています。

（a）**くり返し、感情の反射**：相手の言葉を適宜くり返しながら聞きます。とくに、カウンセリングでは、感情を理解することが大切であり、相手の感情をくり返すことが重要だといわれています。

＜話し手＞「このまま不登校が続くとこの子の将来はどうなるのか、とても不安で仕方ないんです」
＜聞き手＞「お子さんの将来がとても不安でいらっしゃるのですね」

ベテランカウンセラーである小林（2003）は、「『繰り返し』の重要性は、強

調し過ぎても、し過ぎることはない」「上手なカウンセラーほど、『繰り返し』を多用している」と述べています。

　(b) **明確化**：自分の悩みや苦しみを言葉にして聞き手に伝えることは案外難しいものです。そこで、話し手がうまく言葉にできない感情や思いを、聞き手が先取りして返します。

＜話し手＞「担任がこんなひどいことをするとは……。学校を訴えたいくらいです。」

＜聞き手＞「担任や学校に対して不信感を抱いておられるのですね」

　(c) **要約**：先述のように、聞き手は、話し手の言葉をまずは最後まで口を挟まずに聞くことが大切です。一方、話し手は混乱していることも多いので、自分の思いを延々と話し続けることも少なくありません。そのような時には、聞き手が「これまでの話を私なりにまとめると……」などと要約して返すと良いでしょう。話し手の感情や思考が整理され、「自分の話をしっかり理解してくれた」と感じられるはずです。

③質問する

　聞き手が話を聞くなかで、話し手に質問したくなることもあるでしょう。カウンセリングでは、**質問**には大きく分けて2種類があるとされています。

　(a) **クローズド・クエスチョン**（**閉ざされた質問**）：「はい」「いいえ」など、簡単に答えられる質問です。

例）「○○へは、いつ、どなたと行かれたのですか？」

　(b) **オープン・クエスチョン**（**開かれた質問**）：簡単には答えられない質問です。例）「○○へは、どのような目的で行かれたのですか？」

　一般に、クローズド・クエスチョンが続くと尋問のようになるので、カウンセリングでは、オープン・クエスチョンが望ましいといわれています。しかし、心のエネルギーが低下している話し手にとっては、クローズド・クエスチョンの方が答えやすいでしょう。

　質問のポイントは、聞き手の好奇心だけで質問するのではなく、意識して話し手の援助に結びつくような質問を行うことです。

第3節　カウンセリングの理論：来談者中心療法

　カウンセリングの理論は数百あるといわれ、新しい理論も次々と生まれています。そのなかでも、多くの書籍で必ず紹介されるのが「三大アプローチ」といわれるものです。書籍によって呼び方が異なりますが、諸富（2022a, 2022b）は、自己成長論、精神力動論、認知行動論と呼んでいます。

　ここでは、紙幅の関係で、自己成長論の中心である、**ロジャーズ**（Rogers, C. R.）の**来談者（クライエント）中心療法**を取り上げます。これまでに述べてきたカウンセリングの基本姿勢や技法は、この来談者中心療法が基礎になっています。

　ロジャーズは、「人間は、自ら成長し、自己実現する力を持っている。その力を花開かせるためには、クライエントが安心して自分を見つめることができる受容的な環境を提供することが大切であり、それこそがカウンセリングの役割である」と考えました。そして、それまでのカウンセリングの考え方とはまったく異なる**非支持的療法**を提唱しました。そこで提唱されたのが、「繰り返し」「感情の反射」「明確化」などの諸技法です。

　その後ロジャーズは、実証研究をふまえ、重要なのは技法ではなく態度である、と考え方を改めます。そして、カウンセラーが次の3つの態度でクライエントに接することで、クライエントはおのずとより良い方向への変化を起こすことを明らかにしました。

　①**自己一致**：カウンセラー自身が自分の感情に気づいており、クライエントにも自分自身にも率直であること。

　②**無条件の肯定的尊重**：相手の言動にかかわらず、無条件にクライエントを大切にすること。

　③**共感的理解**：カウンセラーがクライエントの内面をあたかも自分自身のものであるかのように感じとること。ただし、「あたかも……のように（as if）」を忘れてはならない。

　この「カウンセラーの態度の3条件」は、教育現場では**カウンセリング・マ**

インドと呼ばれることもあります。第2節で紹介した3つの基本姿勢とともに、教師にとっても子どもと接するにあたってのもっとも重要な姿勢、態度であるといえるでしょう。

第4節 教師にとってのカウンセリング

(1) カウンセリングと生徒指導

学校教育におけるカウンセリングを活かした教育活動は、**教育相談**と呼ばれます（会沢，2023）。**生徒指導**と教育相談とはそもそも対立的に考えられることが多いですが、生徒指導の基本書である『**生徒指導提要**』（文部科学省，2022）では、教育相談と生徒指導との関係について、以下のように述べられています。

> 教育相談は、生徒指導から独立した教育活動ではなく、生徒指導の一環として位置付けられるものであり、その中心的役割を担うものと言えます。
> （第1章　生徒指導の基礎、1.1　生徒指導の意義、1.1.3　生徒指導の連関性、(2) 生徒指導と教育相談）

教育相談は生徒指導と対立するどころか、「その中心的役割を担うもの」だと指摘されています。つまり、生徒指導の「中心的役割を担う」のはカウンセリングなのです。

(2) カウンセリングと授業

「教師は授業で勝負する」といわれます。教師の仕事の中心は、何といっても授業です。では、授業力とはいったいどのようなものなのでしょうか。

千葉市教育センターは、「授業の達人」と呼ばれる教師に聞きとり調査を行い、授業力の中身（コンピテンシー）について研究しました（千葉市教育センター，2010）。その結果、授業力は4つのキー・コンピテンシーに分類されることがわかり、これを「授業の4（よ）ぢから」と呼びました。

①授業コミュニケーション力：授業内で子どもと上手にコミュニケーションをとる力。

②一瞬の対応力：授業内でのコミュニケーションのなかでも、とくに子ども

の一瞬一瞬の言動に対応する力。
　③意欲向上力：子どもの学びに対する意欲を引き出し高める力。
　④授業構成力：教材研究、指導案作成など、授業を組み立てる力。

　授業の達人は、行き当たりばったりの授業を行うことはありません。入念な教材研究を行った上で、少なくとも研究授業においては、授業のねらいや１授業時間の流れを綿密に計画し、しっかりとした指導案を作成して当日の授業に臨むに違いありません（授業構成力）。しかし、それだけが授業力の要素ではないはずです。

　綿密な指導案を書き上げても、本番の授業が必ずしも指導案通りにいかないことは、教師であれば誰でも経験していることです。満を持して用意した教材に、子どもたちが思うような興味を示してくれないこともあるかもしれません。そのような時は、急遽なんらかの活動を取り入れる、授業の流れを入れ替えるなど、子どもたちが少しでも意欲をもって授業に臨んでくれるような働きかけを行うのも、授業の達人のもつ授業力の１つでしょう（意欲向上力）。

　また、指導案には「予想される児童・生徒の反応」という記載があるものの、発問に対して、「想定外の児童・生徒の反応」が返ってくることも大いにありえます。そのような時に、それを否定したり取り上げなかったりするのではなく、その誤答から授業を深めることができるのも、授業の達人ならではの授業力であるはずです（一瞬の対応力）。

　しかし、授業の達人は、何よりも、授業を通して常に子どもたちとコミュニケーションを図っています。子どもの書くノートの内容やほんのちょっとした子どもの反応から、子どもの理解度を見とっているのが、授業の達人なのです（授業コミュニケーション力）。

　①、②、③は、いずれもコミュニケーションの力であるといえます。すなわち、「援助的コミュニケーション」（＝カウンセリング）こそが、授業力の中核であるといえるでしょう。カウンセリングを学ぶことは、授業力を高めることにもつながるのです。

（会沢　信彦）

〈引用・参考文献〉

会沢信彦　2023　そもそも、教育相談って何？　月刊生徒指導　2023 年 5 月号　学事出版　pp.38-41.

千葉市教育センター　2010　読本　達人に学ぶ授業力──10 年目までに身に付ける授業の 4 力［よぢから］──　宮坂印刷

小林正幸　2003　不登校の理解と援助──問題解決と予防のコツ──　金剛出版

國分康孝　1979　カウンセリングの技法　誠信書房

國分康孝　1981　エンカウンター──心とこころのふれあい──　誠信書房

國分康孝　1996　カウンセリングの原理　誠信書房

文部科学省　2022　生徒指導提要

諸富祥彦　2010　はじめてのカウンセリング入門（上）──カウンセリングとは何か──　誠信書房

諸富祥彦　2022a　カウンセリングの理論（上）──三大アプローチと自己成長論──　誠信書房

諸富祥彦　2022b　カウンセリングの理論（下）　力動論・認知行動論・システム論　誠信書房

〈読者のための読書案内〉

諸富祥彦『カウンセリングの理論（上）　三大アプローチと自己成長論』／諸富祥彦『カウンセリングの理論（下）　力動論・認知行動論・システム論』誠信書房、2022 年：著者の考えも交えながら、カウンセリング理論に関して、三大アプローチを中心に網羅しています。

石隈利紀・家近早苗『スクールカウンセリングのこれから』創元社、2021 年：学校におけるカウンセリングのあり方について、学校心理学の視点から幅広く論じています。

現場教師からのメッセージ 15： 学びの鍵は聴く力にあり

　授業をする時、休み時間に子どもたちとふれあう時、何か問題が発生して子どもや保護者とやりとりする時、教師として大切なことは何でしょうか。

　筆者は「聴くこと」が何より大切であると考えます。そしてこの聴く力を高めていくためには、カウンセリングを学ぶことが不可欠だと思います。

　現代の教師には、授業において「個別最適な学び」と「協働的な学び」を同時に進めていくことが求められます。2つの学びの両立に向けては、「話す力」の育成が強調されがちですが、前提として「聴く力」が身についているからこそ対話が活性化され、創造的な授業が展開されていくのだと感じます。子どもたちに聴く力を身につけさせたいのであれば、教師自身が日常的にモデルを示す必要があります。子どもの話に深く耳を傾け、うなずきやあいづちを適度に入れながら、くり返しや明確化を駆使して子どもたちによる主体的・対話的な学びを深めていく。授業がうまい先生は、このようなカウンセリングスキルを等しく有し、ごく自然に、当たり前のように実践しているのです。

　生徒指導上の対応も同じです。担任するクラスのAさんが悲しそうな顔をしながら「先生、昨日Bさんにたたかれたんです……」と相談してきたとします。Bさんを別室に呼び出して「昨日Aさんをたたいたって聞いたぞ！なんでたたいたんだ！」などというようなことは、カウンセリングに長けた先生は絶対にしません。事実を確認することなく、片方の言い分をもとに指導するという初期対応のまずさが引き起こすリスクと、決めつけられたまま高圧的に指導されることの理不尽さを知っているからです。この段階では、そもそも事実なのかどうかもわかりません。仮に事実だとしても、加害者とされるBさんにも、Bさんなりの言い分があるはずです。Aさんを守るという姿勢はもちながらも、Bさんの気持ちにも寄り添い、「Bさん、昨日何かあった？」のように問いかけることから始めていくはずです。心のドアは内側にしか開かないのです。

　全15章の各コラムでは、「教育心理学の内容が、実際の学校現場でどのように活かされているか」という視点で、さまざまなケースを紹介してきました。本コラムを通して、教育心理学を学ぶことの大切さを少しでも感じていただけたなら、大変うれしく思います。

（一色　翼）

事項索引

あ 行

アイデンティティ　60
アイデンティティ・ステイタス　63
浅いタイプ　119
アセス　137
アセスメント　97
アタッチメント（愛着）　40
アナロジー　112
アルゴリズム　82
アンダーマイニング効果　102
暗黙の知能観　89
育児語　38
いじめ　2, 54
一語文　38
一斉指導　111
意味記憶　80
イラショナル・ビリーフ　139
因子分析　146
インフォーマルグループ　133
インプリンティング（刻印づけ・刷り込み）　40
内田クレペリン検査　148
S-O-R 連合理論　73
SCT（文章完成法）　149
エピソード記憶　80
オープン・クエスチョン（開かれた質問）　160
オペラント条件付け　71, 75, 112

か 行

外言　31, 39
外発的動機づけ　100
カウンセリング・マインド　161
学習　68
学習観　112
学習者の成長　125
学習スタイル　119
学習成果　122
学習性無力感　102
仮説実験授業　114
学級風土　138
学校学習モデル（時間モデル）　114
カテゴリー的自己規定　50
感覚運動期　25
環境閾値説　18, 19
関係性への欲求　105
観察学習　74
慣習的水準　28
干渉　81
感情の反射　159
完全習得学習（マスタリーラーニング）　113
記憶方略　82
基底欠損　30
ギフテッド　96
ギャング・エイジ　52
ギャング・グループ　52, 53, 56, 134
9歳の壁（10歳の壁）　49
Q-U　136
教育相談　162
教育評価　122
強化　71
強化子　71
共感　3
共感的理解　161
教師用 Role Construct Repertory Test（教師用 RCRT）　139
協同学習（グループ学習）　111
共同注意　38
共鳴動作　37
均衡化　24
勤勉性　46
具体的操作期　25, 47
くり返し　159
クローズド・クエスチョン（閉ざされた質問）　160
KABC-Ⅱ　94
形式的操作期　25, 47
傾聴　3, 159
結晶性知能　90

原因帰属　103
限局性学習症（SLD）　96
原始反射　35
効果の法則（the law of effect）　70
後続事象　71
行動主義　112
行動主義学習理論　69
校内暴力　2
公平性　130
コーピング　150
刻印づけ（インプリンティング）　15
心の理論　39, 42
個人間差　93
個人差　14
個人内差　93
誤信念課題　42
子ども認知図　140
個別指導　111
コンフリクト　150

さ 行

再帰属訓練　104
最適期　15
三項関係　38
三項随伴性　71
CHC モデル　91
シェマ　24
ジグソー学習　116
自己意識　60
自己一致　161
試行錯誤学習　70
試行錯誤行動　70
思考スタイル　119
自己概念　49, 60
自己決定理論　101
自己効力感　107
自己中心性　48
自己中心的言語　39
自己調整学習　107
自己評価　49
質問　160
質問紙法　147

自発的微笑　37
社会的学習理論　74
社会的スキル　52
社会的比較　51
社会的微笑　37
弱化　71
弱化子　71
習熟度別指導　111
従属変数（テストの得点など）　8
16 パーソナリティ因子質問紙　146
熟達目標構造　106
熟慮型　118
受容　3
状況主義　112
象徴機能　39
衝動型　118
情動焦点型　151
初語　38
序列型　119
自律性への欲求　105
自律的動機づけ　102
人格的活力　29
心誌（サイコグラフ）　146
新生児　35
新生児模倣　37
信頼区間　95
信頼性　130
心理社会的危機　29
心理的道具　31
心理的離乳　63
心理療法　155
随意運動　36
遂行目標構造　106
スキーマ　85
スキナーボックス　70
スクールカウンセラー　3
ストレス　150
ストレス反応　150
ストレッサー　150
精神年齢　91
精緻化　112
精緻なタイプ　119

事項索引　167

正統的周辺参加　112
生徒指導　162
生徒指導提要　162
正の強化　72
正の弱化　72
生理的早産　35
前慣習的水準　28
先行オーガナイザー　114, 115
先行事象　71
漸成発達理論　61
前操作期　25, 47
相互教授方　117
相互作用説　18, 19
ソーシャルエモーショナルラーニング（SEL）　3
ソーシャルスキル教育（SSE）　3
粗大運動　36
素朴理論　39

た　行

体制化　112
第2次性徴　58
第2発育急進期（思春期スパート）　57
第2反抗期　63
代理強化　75
多重貯蔵モデル　78
脱慣習的水準　28
脱中心性　48
妥当性　126
田中ビネー知能検査　92
短期記憶　79
単独型　119
チームティーチング　111
知的発達症　96
知能指数　91
チャム・グループ　134
長期記憶　79
調節　24
TAT（主題統覚検査）　149
ティーチング・マシン　113
適応　150
適性処遇交互作用　117

テスト・バッテリー　97, 147
手続き記憶　80
展望的記憶　81
同化　24
動機づけ　100
動機づけ調整方略　108
洞察学習　74
統制的動機づけ　102
同調行動（エントレインメント）　37
道徳性　53
透明性　130
特性論　144
特別支援教育　2
独立変数（学年や性別など）　8

な　行

内言　39
内発の動機づけ　100
内面化　31
喃語　38
二語文　38
乳児　35
乳幼児期　35
任意型　119
認知　78
認知学習理論　72, 73
認知主義　112
認知主義学習理論　69
認知スタイル　118
認知地図（Cognitive Map）　73
認知的学習観　86
認知的徒弟制　113
認知バイアス　85

は　行

場依存型　118
ハインツのジレンマ　27
バウムテスト（樹木画テスト）　149
バズ学習　116
発見学習　114
発達段階　15
発達の最近接領域　31

発達の順序性　14
発達の方向性　14
発達の領域一般性　39
発達の領域固有性　39
罰　72
場独立型　118
話しあいの構造化　117
パフォーマンス評価　128
ピア・グループ　134
ピア・プレッシャー　54
P-Fスタディ（絵画欲求不満テスト）　148
比較による評価　50
微細運動　36
非支持的療法　161
ビッグ・ファイブ　147
非認知能力　97
ヒューリスティック　83
ビリーフ（信念・信条）　139
比率IQ　92
敏感期　15
フォーマルグループ　133
深いタイプ　119
輻輳説　18
不適応　150
不登校　2
負の強化　72
負の弱化　72
フラストレーション　150
フラストレーション・トレランス　152
プランニング　107
プログラム学習　113
分化と統合のプロセス　14
並列型　119
偏差IQ　93
弁別　72
防衛体制　152
忘却曲線　80
ポートフォリオ評価　128

ボディ・イメージ　58

ま 行

ミネソタ多面人格目録（MMPI）　148
明確化　160
メタ認知　86, 107
メンタルモデル　84
モーズレイ人格目録（MPI）　146
目標醸造　106
モニタリング　107
問題解決　112
問題焦点型　151
問題箱　70

や・ら・わ行

矢田部ギルフォード性格検査（YG性格検査）　148
有意味受容学習　114
有能感への欲求　105
幼児　35
幼児語　38
要約　160
欲求階層説　149
来談者（クライエント）中心療法　161
リハーサル　79
リビドー　145
流動性知能　90
臨界期　15
臨床法　24
類型論　144
ルーブリック　128
レジリエンス　152
レスポンデント条件付け　69, 75, 112
劣等感　46, 59
レディネス　18
レミニッセンス　81
ロールシャッハテスト　148
ワーキングメモリ　79

人名索引

アイゼンク（Eysenck, H. J.） 146
ヴィゴツキー（Vygotsky, L. S.） 31, 59
ウィトキン（Witkin, H. A.） 118
ウェクスラー（Wechsler, D.） 93
ウェンガー（Wenger, E.） 112
エインズワース（Ainsworth, M. D. S.） 40
エリクソン（Erikson, E. H.） 46, 60, 61
オルポート（Allport, G. W.） 146
キャッテル（Cattell, R. B.） 90, 146
ギルフォード（Guilford, J. P.） 146
クレッチマー（Kretschmer, E.） 144
クロンバック（Clonbach, L. J.） 117
ケーラー（Köhler, W） 73
ゲゼル（Gesell, A.） 17
コールバーグ（Kohlberg, L.） 26, 53
國分康孝 155
サーストン（Thurstone, L. L.） 89
シェルドン（Sheldon, W. H.） 144
ジェンセン（Jensen, A.） 19
シュテルン（Stern, W.） 18
シュプランガー（Spranger, E.） 145
スーパー（Super, D. E.） 64

スキナー（Skinner, B. F.） 70
スノー（Snow, R. E.） 117
スピアマン（Spearman, C.） 89
ソーンダイク（Thorndike, E. L.） 70
トールマン（Tolman, E. C.） 73
パーテン（Parten, M. B.） 42
ハーロー（Harlow, H. F.） 40
ハヴィガースト, J.（Havighurst, J.） 15
パヴロフ（Pavlov, I.） 69
バンデューラ（Bandura, A.） 74
ピアジェ（Piaget, J.） 24, 47, 58
ビネー（Binet, A.） 91
フロイト（Freud, S.） 152
ボウルビィ（Bowlby, J.） 40
マーシャ（Marcia, J. E.） 63
マズロー（Maslow, A. H.） 149
諸富祥彦 156
ユング（Jung, C. G.） 145
レイヴ（Lave, J.） 112
ローレンツ（Lorenz, K.） 40
ロジャーズ（Rogers, C. R.） 161
ワトソン（Watson, J. B.） 18, 69

─────── ＊ **執筆者紹介**（執筆順）＊ ───────

藤枝　静暁（ふじえだ　しずあき）（第1章）埼玉学園大学大学院心理学研究科　教授

桑原　千明（くわばら　ちあき）（編者、第2章）文教大学教育学部　准教授

目久田　純一（めくた　じゅんいち）（第3章）梅花女子大学心理こども学部　准教授

大内　晶子（おおうち　あきこ）（第4章）常磐短期大学幼児教育保育学科　准教授

梅津　直子（うめづ　なおこ）（第5章）文教大学教育学部・十文字学園女子大学教育人間学部　非常勤講師

鈴木　みゆき（すずき　みゆき）（第6章）関東学院大学法学部　准教授

榎本　拓哉（えのもと　たくや）（第7章）徳島大学大学院社会産業理工学研究部　准教授

生駒　忍（いこま　しのぶ）（第8章）川村学園女子大学文学部　非常勤講師

藤原　健志（ふじわら　たけし）（第9章）新潟県立大学人間生活学部　准教授

倉住　友恵（くらずみ　ともえ）（第10章）駒沢女子大学人間総合学群　准教授

赤松　大輔（あかまつ　だいすけ）（第11章）京都教育大学教育学部　講師

梶井　芳明（かじい　よしあき）（第12章）東京学芸大学教育学部　教授

鈴木　洋介（すずき　ようすけ）（第13章）横浜国立大学教育学部　助教

尾花　真梨子（おばな　まりこ）（第14章）江戸川大学社会学部　准教授

会沢　信彦（あいざわ　のぶひこ）（編者、第15章）文教大学教育学部　教授

一色　翼（いっしき　たすく）（コラム）川口短期大学こども学科　専任講師（前さいたま市立植竹小学校　教諭）

編者紹介

会沢　信彦（あいざわ　のぶひこ）文教大学教育学部教授

1965（昭和40）年、茨城県水戸市生まれ。
筑波大学第一学群人文学類卒業、筑波大学大学院教育研究科修士課程修了、立正大学大学院博士課程満期退学。
函館大学専任講師を経て、現職。明治大学兼任講師。
（一社）日本スクールカウンセリング推進協議会理事、NPO法人日本教育カウンセラー協会理事、日本学校心理士会常任幹事・埼玉支部長。
編著書に、『教育相談の理論と方法』（北樹出版）、『生徒指導・進路指導の理論と方法』（北樹出版）、『教師・保育者のためのカウンセリングの理論と方法』（北樹出版）など。

桑原　千明（くわばら　ちあき）文教大学教育学部准教授

千葉大学文学部行動科学科卒業、筑波大学人間総合科学研究科一貫制博士課程ヒューマン・ケア科学専攻にて修士（心理学）を取得。満期退学。臨床心理士、学校心理士、公認心理師。
関東短期大学を経て現職。児童養護施設、クリニックなどでも非常勤心理職として勤務。日本学校心理士会埼玉支部事務局長。
著書に『教育相談の理論と方法』（北樹出版）、『たのしく学べる乳幼児のこころと発達』（福村出版）など。

教育心理学の理論と実践──コアカリキュラム対応

2025年4月25日　初版第1刷発行

編著者　会沢　信彦
　　　　桑原　千明

発行者　木村　慎也

カバーデザイン／北樹出版装幀室　　印刷・製本　モリモト印刷

発行所　株式会社　北樹出版

〒153-0061　東京都目黒区中目黒1-2-6
URL : http://www.hokuju.jp
電話(03)3715-1525(代表)　FAX(03)5720-1488

©2025, Printed in Japan　　ISBN 978-4-7793-0773-7

（落丁・乱丁の場合はお取り替えします）